韌性

RESILIENZ

挺過挫折壓力，走出低潮逆境的神秘力量

Christina Berndt
克莉絲蒂娜・伯恩特——著
王榮輝——譯

RESILIENZ

目錄

前言

揭開我們內心最強大的力量

娜塔莎．坎普希（Natascha Kampusch）的故事，或許是我們這個時代最動人的典範之一。這位奧地利少女十歲時，在放學返家途中遭到綁架，之後更被監禁在一個地牢裡長達八年（參閱第四六頁）。她逃出壞人魔掌兩週後，隨即接受電視媒體專訪。她在電視上的表現讓觀眾們無比驚艷。全然不同於民眾所預期的無助受害者形象，娜塔莎所表現出的，是位充滿自信、敢於抒發己見的少女。也許有人認為，娜塔莎只是將創傷好好地隱藏在自己內心深處。即便真是如此，她所展現出的心理強韌仍值得你我佩服。無論如何，她在電視上的不凡表現，為與韌性有關的問題開拓了一個全新的面向。

為何這位少女能夠克服如此恐怖的苦難，可是有些人卻會因為一點小小的挫折就失去求生勇氣？為何有些企業家在歷經破產之後還能再度萌發東山再起的想法，可是有些企業家卻會就此放棄？為何某位同事說錯的無心之言會讓某些人整整三天耿耿於懷，可是某些人卻能把那些話當成耳邊風，聽過就算了？為何有人在一場轟轟烈烈的戀愛結束後陷入醉生夢死的失戀泥沼裡，可是有人卻能很快再找回自己的生活意義？

「究竟是什麼讓某些人特別堅強？」這個問題一直是人類的大謎團之一。

＊　＊　＊

二十一世紀的生活比以往更為艱辛。儘管如今物質富足，身體勞動負擔減輕，再加上科技方面屢屢取得重大突破，凡此種種都讓你我的生活變得更加輕鬆，不過耐人尋味的是，我們所感受到的壓力卻不減反增。今日的職場中，高度的專業、迅速、確實已成為不可或缺的基本要求。從前的人或許可以花上一週時間好好思考，如何擬出一封文情並茂的商務信函。不過現在，如果你拖到第二天早上才回覆別人的電子郵件，恐怕就不得不向對方致歉了，因為上司或顧客往往很快就會發來嚴詞批評的訊息。再者，不僅工作的負擔變得愈來愈重，就連擔心失去工作的不安也日益擴大（大多數行業因成本持續上揚，導致雇用人數不斷下滑）。無法跟上時代腳步的人，不得不為自己的飯碗憂心。此外，近年來一再上演的金融風暴與經濟衰退，同樣為經濟與心靈的生存結構帶來不小的威脅。

不過，並非只有職場裡才潛伏著績效螺旋的怪獸。為了滿足現代社會的要求，幸福的家庭關係也是一個人必備的基本條件。一個人除了要扮演好完美員工與完美伴侶，還要扮演好慈愛、英明的父母，並以開明且富教育性的態度來教養子女，更不可錯失任何機會，要盡可能幫助子女在語言、藝術及運動等方面做好妥善準備，以因應未來的全球化職業生涯。然而，由於傳統的大家庭結構幾乎已全面瓦解，以致再也得不到家族（如叔叔、姑姑或祖父母等）的支援，因此這些要求也變得更難實現。

在這樣的情況下，失敗、批評與持續地自責，簡直就像內建在我們的日常生活中。這往往會帶來極為嚴重的後果，如精神疾患人數屢創新高，搖滾巨星、足球明星發生「倦怠症」或「憂鬱症」的案例也時有所聞（亦即事業方面極為成功、可是心理方面卻瀕臨崩潰的人）。

遺憾的是，我們無法只是拍拍屁股，就能遠離這些現代世界的挑戰。身為社會性的生物，我們無可避免地會受到周遭人的價值觀與要求所影響，甚至將其內化成我們本身所自有。有時，厄運或挫折會讓人萌生隱居深山或禪寺的念頭。這樣做或許可以解除工作方面的壓力，卻無法避免諸如個人的失敗、罹患重病或失去親愛的人。人生總會一再遭遇許多問題，有時這些問題十分嚴重，有時則會完全出乎我們的意料。

如果我們的心靈也能「長繭」，那該有多好！這是一種心靈的武裝，可以保護我們免受職場上頂尖績效的挑戰，以及日常生活壓力所侵害。這是一種人生態度，可以幫助我們以快樂地展望取代悲傷地回首。這也是一種自信心，可以幫助我們淘汰大多數的嘲諷，只為自己留下具有建設性的批評。

有些人具有這一切特質。即使身處驚濤駭浪之中，他們也能穩若磐石。心理學家將這些人所擁有的神秘力量稱為「韌性」（resilience），這是一種勇於抵抗來自周遭苛求，或走出陰鬱，重返充實人生的力量。

過去很長一段時間，心理學家、教育學家及神經科學家一直關注著心靈的幽暗深淵，試圖探索哪些因素容易造成妄想症、憂鬱症或恐慌症。直到一九九〇年代末期，當「正向心理學」逐步掀起叛變，這種情況才有所改變。如今專家們的探索已轉變為：那些富有生存能力的人到底是如何化危機為轉機？他們所具備和利用的資源及策略究竟是什麼？

本書將借助各種實例來說明，韌性之人被賦予了哪些「武裝」，並以最新的相關研究為基礎指出，我們該如何獲得這種強大的生存力量。有時，我們會遺失這種力量，本書也將告訴你，該如何以那些精於生存的人為典範，進而在自己未來的人生裡，更妥善地克服大大小小的危機。既然早在我們還是幼兒時，便為這種心理方面的生存能力奠下基礎，為何不在日後的人生裡好好享用它呢?!

我們所需要的，就是去了解該如何使用它。

PART

1

面對人生考驗，韌性是關鍵力量

別讓壓力壓垮自己

RESILIENZ

忙裡偷閒這樣的想法完全不合時宜；無聊則是效率社會的禍端。我們經常聽到「我感覺壓力好大」這句話，甚至從小就開始興奮地模仿著。

些許的壓力，其實不會有什麼壞處。它不僅可以提升我們的工作能力，如果我們在高度壓力下完成了什麼，甚至還能從中獲得舒適的快感。然而，持續性的苛求（普遍存在於現代生活的許多領域中）長期下來，便會造成一種徹徹底底的負面情感，萬一越過某個臨界點，這樣的負面情感甚至再也無法消失。如果要求高到幾乎無法實現，成功便不會發生。內心夠堅強的人，不會將壓力視為負面，也不會被壓力所擊敗。對於內心不夠穩定的人，持續性的壓力則往往會引發健康方面的危機。

精神的痛苦常先反映在身體一些不起眼的症狀上，例如腰骶部疼痛、腹部絞痛等。如果長期坐視不理，隨之而來的，往往就是心理崩潰。今日，需要更多心理抵抗力的，不再只是身處競爭激烈行業的主管，或是遭受嚴重厄運摧殘的人們。嚴苛的挑戰無所不在，從辦事人員簡單的職務、小家庭裡的夫妻關係，到每個人所面對的危機，如愛情的煩惱、失業、對金錢的憂慮、財物損失、疾病、親人過世等。

我們沒有足夠的精力，以具有建設性的方式同時解決職場與私生活方面的各種問題。「憂鬱症」和「倦怠症」早已成為國民疾病。也正是藉由這些疾病，凸顯了強韌與軟弱間的差異。許多人在藥物中尋求解脫，或是必須每晚喝一瓶紅酒才能讓自己有點舒適、自在的感覺。

為了防止自己的心理健康持續遭受攻擊，我們需要健康的自我意識、仿照彈簧建構的自我價值感，或至少需要一些有用的放鬆技巧。本章將分享各式各樣的威脅如何對我們的健康造成影響，並佐實例，說明在這種情況下，人們是如何再度走出那些深淵。

1.他們為何能從谷底重獲生機?!

生活為每個人
準備了無數挑戰，
與情人分手、重大傷病、財務危機、
親朋好友過世、發生意外等。
如果我們不想就此沉淪，
就需要鍛鍊心理抵抗力。

這世上存在著一些堅強的人。萬一他們不幸失去工作、情人甚或差點喪生，也能重新找到生存的勇氣。他們憑藉著一股發自內心的神秘力量，堅持抵抗自己所遭逢的厄運，最終所獲得的成果或許還勝過從前。在整個過程中，這些特別具有抵抗能力的人身上究竟發生什麼事，外人往往無從得知。我們只能從他們的部分表現，試圖找出為何他們可以有別於其他人，從最深的谷底重獲生機。近幾十年來，有愈來愈多專家學者致力於探究這種力量的秘密，希望藉此讓所有人都能掌握它。許多心理學家和教育學家，以個別的人生際遇報導為基礎，並且借助一些富啟發性的研究，嘗試揭開那些幫助人們在危機中找到生存勇氣的特質與因素。

生活為每個人準備了無數挑戰，當中偶爾會出現各式各樣嚴重的厄運。人們普遍認為最嚴重的個人災難包括與情人分手、重大傷病、財務危機、親朋好友過世、失去家園、失去自由、失去自我認同、在職場上長期不受認可、發生意外、遭到性侵等。在上述所有情況裡，如果我們不想就此沉淪，就需要心理方面的抵抗能力。每個員工、每個戀人甚或每個成功人士都需要它。

透過以下真實案例，你將可以一窺人們是如何成功走出各式各樣的危機。所有當事人的說法，都是在未經過濾的情況下呈現。他們本人究竟如何成功克服那些乍看之下難以承受的厄運？對此，他們本人又有何看法？他們是否曾經懷疑，在歷經像是綁架、失去子女、遭受恐怖攻擊之後，自己能否再度重拾幸福？他們周遭的哪些條件以及哪些人格特質在過程中幫助了他們？

個人的命運是主觀的；與厄運周旋是高度個人的。最有權對此發言的，無非是當事人或他們周遭的親朋好友。在這當中，什麼樣的不幸侵襲了什麼樣的人，這點並非無關緊要。某個人或許在突然痛失親人的情況下能夠再度找到生存的勇氣，可是他未必同樣有能力，可以妥善處理像是遭到暴力攻擊、身體失能或是在職場上遭遇重大失敗等難題。

儘管這當中涉及個人性與範例性，不過接下來的這些人生故事，讓我們見到了形塑強韌心靈最重要的人格特質，包括自信、智慧、開朗、活力、不氣餒、執行力、自知之明、建立穩固社會關係的能力，以及能在人生中完成些什麼的意識。此外，對於變局（或是那些乍看之下不怎麼討喜的情況）採取坦然接受的態度，也會很有助益。

並非得同時具備以上所有特質，才能成功克服危機。透過以下實例，你將發現具備少許的強韌特質往往就已足夠。重要的是，在遭逢危機期間，我們必須清楚自己身上究竟具備哪些資源，在挫折與哀傷的時刻又該如何運用它們。

痛失愛子的母親

當年僅三歲的丹尼斯罹患癌症時，他的母親完全沒有想到，命運為她安排了更殘酷的考驗。丹尼斯並非死於癌症。在切除五公分大的腦瘤時，這位年僅三歲的幼兒甚至輕鬆過關。「當時腫瘤已經百分之百移除，一切似乎都朝著美好的方向邁進。」他的母親烏特・韓塞德以友善、熱情且宏亮的聲音說道。從她的聲音，我們完全聽不出手術後的幾個月內以及迄今她所必須面對的痛苦。

起初，命運似乎為她的家庭展開微笑。一九九七年那場重要的手術後不久，丹尼斯已經可以再度自行將奶嘴塞進自己嘴裡、完成兒童拼圖、將錄音帶放進自己的錄音機裡播放。當醫師在移除他的軟管而弄痛他時，這個小男孩甚至還有足夠的力氣罵聲：「笨媽媽！」當時丹尼斯的父母著實感到，自己真是無比幸福！

只可惜好景不常，命運很快就翻了臉。

病房裡十分陰暗，黑壓壓的一片。丹尼斯床邊的小燈已經壞了好幾天。為了怕影響丹尼斯的睡眠，護士在夜裡也不想打開大燈。當時有位護士進來病房裡探視丹尼斯，他的母親說：「還是開個燈吧！」不知為何，也許是出於某種預感，她就是不喜歡護士們摸黑進行例行工作。然而，這位護士不僅沒有開燈，反而還犯下一個致命的大錯！

當時丹尼斯的床頭櫃上有兩種藥品相鄰並排，在明亮的狀態下尚且容易搞混，更遑論在一個沒有燈光的房間裡。於是慘事發生了：這位護士未將原定的抗生素溶液注入丹尼斯的點滴裡，反而注入了含鉀離子的注射劑。這些礦物質快速流入這個小男孩手裡（由原本每秒三毫升變成八十毫升）。美國在處決一名死刑犯時所使用的鉀還不及這場致命疏失的一半。

無可避免地，丹尼斯的心臟最終停止了跳動。在這段長達四十八分鐘，令人難以承受的時間裡，他的腦部始終無法得到足夠的氧氣。經過搶救後，醫師們雖然保住他的性命，可是他再也無法甦醒，再無一時半刻有能力與人交談。在那之後，丹尼斯一再發生嚴重的抽搐，整個人彷彿持續經受著說不出的痛苦。他不會喊叫，可是身體有時卻會彎曲到一側、有時則會向下猛力伸張。他的母親表示：「我們很害怕，不知何時他的身體說不定會撕成兩半！」

「不久之後」，烏特說，「恐怖的真相終於浮現。」醫師們對丹尼斯的大腦進行核磁共振造影。他們明確指出，這個小男孩陷入了俗稱的「植物人」狀態。根據腦部大規模受損的情況看來，再度回復意識的機率非常低。

「我們陪丹尼斯回房後不久，房門便被推開，接著主治醫師與一票隨從便蜂擁而入」，烏特回憶道。「他走到離我約一隻手臂長的距離，注視著我的雙眼，接著告訴我：『丹尼斯再也無法起身，再也無法說話，再也無法走路。請你們將他帶回家，好好陪他度過一段時間。』」烏特表示，聽到主治醫師用他的法蘭克福腔說出這段話，她和丈夫約爾根簡直就像「被鞭子抽打」。「他彷彿宣判了死刑，將我們送上斷頭台。對我們來說，他的話聽起來如此具有毀滅性！」

最終，韓塞德一家只好忍痛遵照這位不太具有同情心的醫師的建議，帶著丹尼斯飛回故鄉敘爾特島。幾個月後的某天夜裡，丹尼斯終於在自己的床上過世。從這一刻起，他原本一直緊繃著的臉龐總算再度回復平靜。

丹尼斯的死距今已十六年。如果他還在世的話，現在已經成年了。即使是在述說當年那場駭人聽聞的事件時，他的母親依然開朗、輕鬆、對生命充滿熱情與活力。光是這一點，就不禁令聽話者好奇：一個遭逢如此厄運的人，為何能夠將自己的哀傷拋諸腦後？

烏特表示，人們可以做得到，「你們會重獲幸福！」這是她想要分享給那些和她一樣遭逢命運考驗的人最重要的信條。如今已經五十八歲的她相信：「縱然我們正處在最深的絕望與傷悲，一時間無法想像能夠再度快樂，不過有朝一日，我們還是可以重新回歸幸福，無論所遭逢的厄運有多麼嚴重。」

事實上，烏特自己起初也不相信這一點。在發生投藥錯誤事件後，這位高高瘦瘦、對生命充滿熱愛的女性，幾乎被徹底摧毀。她表示：「當時我們全家籠罩在一片愁雲慘霧之中。」丹尼斯是他們唯一的兒子，在他上面還有三個姐姐，現年介於二十二至三十四歲之間。這個家庭的父親約爾根是位世界級的衝浪好手，曾在北海練習跳躍時不幸發生意外，兩節頸椎受傷，頸部差點折斷，不過最後還是活了下來。如今，這樣的好運似乎已經用完。有一段時間，他們全家人幾乎整天以淚洗面，直到有一天，約爾根做了一個重要的決定。烏特說道：「那時我們糟到不能再糟。全家躺在房子的浴室地板上，接著我先生就說：『我們要重拾幸福！』」

剛開始，烏特很惱怒這個想法，畢竟她失去了心愛的兒子。不久之後，她漸漸了解到，自己不能再繼續這樣下去，她的哀傷對任何人都沒有好處。她表示：「我們決定，從現在開始，應該要讓哀傷的時光過去，我們只想再看見生命中美好的一面。」於是，韓塞德一家便在福特彎圖拉島開了一間衝浪用品店。事件發生前，他們幾乎每年都會到這裡過冬。白天，約爾根待在自己高科技的工作間裡，手工打造自己設計的高級沖浪板。家中女性同樣也發揮自己的創意，甚至設計出一系列服裝。

所有家庭成員全都刻意將自己的心思擺在生命中的美好事物上，包括大海、夕陽，還有如今女兒們在衝浪大賽裡贏得的冠軍。當他們一大早在海邊沿著沙灘慢跑，幸福的感覺隨著風兒向他們迎來。「不過那段時間裡，我們也很自私地對朋友們不聞不問，也不再看電視新聞，」這位母親說道，「就這樣，我們從深淵裡再度爬了上來。」

藉由刻意忽略負面事物，曾幾何時他們的生活又漸入佳境。這當中很重要的一點，就是家庭的凝聚力，它賦予每位家庭成員安全和力量。「我們是真正的一家人！」早在丹尼斯住院當時，醫院裡的護士們就很好奇，為何這個癌症病童的家庭能夠如此樂觀、開朗，家庭成員們也都不吝於給彼此擁抱，將自己的好心情傳給對方。當時烏特曾說：「人還是要有能力面對各種新的狀況，並且從中得出最好的結果。」

烏特為自己增添了許多力量，甚至還迎戰一場痛苦的戰鬥。雖然已經挽不回兒子的性命，可是她不願讓兒子的早逝毫無價值。她想讓其他人免於遭受和她一樣的悲慘命運。因此，她一方面想要喚起民眾對於醫療疏失及其後果的注意，另一方面則想推動醫院疏失申報登記機制的建立，藉以避免更多意外的發生。於是，韓塞德一家便一狀將企圖隱匿醫療疏失的法蘭克福大學醫院告上法院。接下來，就像是一部由消失的檔案、受到恐嚇的證人及立場偏頗的法官交織而成的推理小說。信口雌黃的醫師試圖愚弄韓塞德一家，謊稱丹尼斯的不幸必須歸因於他的腫瘤，而非打錯點滴。

約爾根與烏特為了爭個是非，耗去七年光陰。這段期間，烏特還寫了一本書（《三個小孩與一個天使》〔*Drei Kinder und ein Engel*〕）。在他們努力不懈地奮鬥下，最後法院終於認定，丹尼斯確實死於醫療疏失。直到今日，這位母親從未懷有任何恨意，即使是對於那位她早就原諒的護士也一樣。她在自己書裡的前言曾寫到：「護士、醫師與教授們都曾給過我們許多協助，對此我們感激不盡。……我們所要對抗的，其實是對醫療疏失的隱瞞，誠如在丹尼斯案例中所發生的那樣。」纏訟多年之後，韓塞德一家獲得四萬歐元的賠償。他們後來將這筆賠償金全數捐出，其中半數捐給法蘭克福大學醫院的癌症病房。這位痛失愛子的母親表示，和解是重要的，無論是對人、抑或是對命運。

「如果我們不去處理，這樣的經歷會伴隨著一個人，並且在過程中有所改變，」烏特不帶些許痛苦地解釋著，「可是如果我們可以挺得過，我們就能擁有生命的喜悅，可以更妥善地對待日常生活中的各種事物。如今我們知道，我們可以經受住許多打擊而不被擊潰。這會讓人變得堅強。」

如今她表示，她能夠給每個人的建議就只有：「做一個如同我們當年所做的那種決定——一個斷然、不像話的決定！」終結危機還是與意志有關。「人的腦袋總會想東想西，我們必須具備克服危機的意願。」這個過程中，展開新的人生階段會很有助益。不久前，烏特又給自己一項新挑戰。「我現在在擔任模特兒，高齡模特兒，」烏特說道，「能夠做如此平凡、美好、活潑、輕鬆、有趣的事，真是太棒了！而且我知道，我也可以做這樣的事。」

東山再起的足球教授

二〇一一年九月底，德國足球甲級聯賽足球隊「沙爾克〇四」（FC Schalke 04）的總教練拉爾夫．朗尼克宣布辭職：就從此刻起，他將立刻拋下自己的工作。這位足球界的頂尖硬漢表示，自己患有倦怠症，不僅茶飯不思，更無法成眠。他完全無法提升自己的「能量水位」，無法讓自己擁有帶領球隊獲勝所不可或缺的力量。

然而，到了二〇一二年六月，短短的九個月之後，這位出身於施瓦布的足球好手居然重返足球的大舞台。不僅如此，他還同時出任兩支隊伍的球隊經理；一隊是曾經多次拿下奧地利足球聯賽冠軍的「薩爾斯堡紅牛」（FC Red Bull Salzburg），另一隊則是該隊所屬的德國第四級聯賽隊伍「萊比錫RB」（RB Leipzig）。就任新職時，朗尼克表示：「今天，一個新紀元就此展開。」他保證自己充滿熱情。「我從來沒像現在這麼好過！」

一直以來，朗尼克總給人一種渾身是勁的印象。他曾以「足球教授」的封號，登上德國甲級足球聯賽的歷史，因為他曾在一九九八年時（當時還相當年輕的他剛接掌「烏爾姆足球隊」〔SSV Ulm〕，是位十分成功的教練）於「德國電視二台」（ZDF）的「體育直播室」節目上，講解足球最重要的基礎理論。他宛如教授般，剖析了區域聯防與四人連線陣形的重要性，並且指出為何「掃把腳」的位置對於現代足球來說已不再合時宜。直播過程中，他十分專注、負責，甚至有點近似於「強迫症」，從那時就可以看出，這個人將全副心力都投注在工作目標，即使要以自己的人生幸福為代價也在所不惜。

很快地，朗尼克這位自我剝削者便得到他所期待的成功。他成為德國足球甲級聯賽最受矚目的教練之一。在與「霍芬海姆一八九九體育俱樂部」（**TSG 1899 Hoffenheim**）的通力合作下，這位受過高等教育的體育暨英文老師，成為第一位將三級聯賽球隊一路帶向一級的德國教練。朗尼克對球員的要求十分嚴格。他的律己甚嚴、追求完美、忠於原則，可說是出了名的。即使是一般人覺得無關緊要的事情，他都會一絲不苟地投注大量的心力，甚至就連訂飯店這種事，身為教練的他也要親力親為。由於他必須帶領球隊四處征戰，因此「關機」對他而言是不可能的。「的確，有時我會很疲憊」，幾年前朗尼克曾坦承，「可是當我感覺到舒適，我反而渾身不自在！」

他從不諱言自己的好勝心，甚至還會把它們當成名人軼事到處宣揚。他曾經提到，小時候有一回和爺爺玩遊戲玩輸了，他氣得將玩具汽車亂丟。有趣的是，他們所玩的遊戲正是「別人不會惹你生氣」——註。輸球同樣會讓他元氣大傷。朗尼克的顧問奧利佛曾表示：「拉爾夫是個為了追求完美，會付出百分之兩百的

註——一種棋類遊戲，英文名為ludo，德文名稱翻成中文就叫「別人不會惹你生氣」。

人。眾所周知，他也期待周遭人能和他一樣。」

然而，突然間，這一套似乎行不通了。朗尼克覺得自己彷彿被掏空。雖然這位野心勃勃的教練曾經試圖將自己的問題再拖延個幾週。二〇一一年九月，隊醫拉雷克在朗尼克身上診斷出「植物性疲勞症候群」（*vegetatives Erschöpfungssyndrom*）。拉雷克後來表示，他費了好一番功夫才說服朗尼克接受這項診斷結果，以及暫時休息一段時間的建議。

拉雷克發現，朗尼克「並非只是精疲力竭而已」，「他必須拉開『降落傘』」。後來就連朗尼克自己也表示：「停止是殘忍的必要！」畢竟，能將火點燃的，只有燃燒自己的那個人。他有種彷彿自己的插頭被別人拔掉的感覺。他表示：「我會想著，就咬著牙撐下去吧！但我再也撐不下去了。」他的血液檢驗數值「災難性地跌到谷底」，荷爾蒙分泌嚴重失調，免疫系統近乎癱瘓。「簡直可以說是身體『整組壞了了』！」

早在幾個月前，他已經察覺到最初的一些徵兆。他在二〇一一年一月初與前東家霍芬海姆一八九九體育俱樂部分道揚鑣後，就曾萌生休養一段時間的念頭。只是事與願違，三月時沙爾克〇四很快找上門來，如果不馬上答應，以後恐怕就沒機會了。儘管近乎被掏空，朗尼克還是決定接下這副重擔，硬撐下去。隊醫拉雷克表示：「他給自己過度的要求。這就好比一位訓練過度的選手，整個身體完全被搾乾了。」

朗尼克的龐大壓力或許不是來自於社會大眾，而是來自於他自己。儘管人人都稱道自己的成功，可是從未帶領任何球隊拿下任何大賽的冠軍，這一點讓他耿耿於懷。帶領沙爾克〇四殺進「歐洲冠軍聯賽」四強，帶領霍芬海姆一八九九體育俱樂部拿下秋季冠軍，這些成就都遠不及他自己所企圖達成的一半。從事創意工作與職業運動的人，特別容易陷入追求完美的情結。他們一方面享受成功，另一方面卻也覺得失敗同樣該由自己負責。荒謬的是，剝削者與被剝削者居然是同一個人！隊醫拉雷克表示：「他的確是個精力充沛的人，也正因為如此，他危害到了自身。」

不僅如此，朗尼克也是相當敏感的人。面對批評，往往讓他很受傷。他究竟有多敏感，從他父親於二〇一〇年住院時，他整整難過了好幾個星期便可看出。某位友人死於癌症，同樣讓他久久無法釋懷。另外，這位足球教授從未與所帶領的球隊真正打成一片。每當他的球員以啤酒淋浴的方式瘋狂慶祝時，他總是格格不入。或許對他來說這也是一種負擔。

乍看之下，朗尼克的重新出發似乎給人一種「他其實並沒有學到教訓」的感覺，因為他又為自己設定了令人摒息的目標：率領「萊比錫RB」這支地方性球隊在「一年之內進軍德國足球甲級聯賽」。這簡直就是不可能的任務！他表示：「我有信心，如果我們先創造出有利的基礎條件，很快就能達成目標。」這聽起來就像是他已經為自己規劃好下一次的崩潰！

不過，朗尼克也曉得該向大眾說明，他是如何克服自己的危機。他在「體育直播室」節目表示：「如果沒有從一些根本的事情上做改變，其實是辦不到的。這當中包含適度的休養、正確的飲食以及規律的運動。」他會在未來一再為自己叫個暫停。「我們必須考慮到後果，這一點很重要。」朗尼克表示：「我們不需要在吃飯時還把手機放在餐盤旁。當我們回到家中與家人在一起時，不妨索性關機。在這樣的工作裡，我們必須學會自己照顧自己。」

隊醫拉雷克樂觀看待自己的這位患者，他的理由是：「朗尼克不是個會讓自己裹足不前的人，他會積極克服問題。」此外，他還具備了聰明的頭腦及許多其他特質。因此，早在他宣布朗尼克罹患倦怠症那天，拉雷克便曾預言：「他會在休息一段時間後，回復過往的強悍。」

艾爾文上戰場時才十九歲。在那之前，艾爾文一直在波美拉尼亞（Pommern）的鄉間過著田園式的生活。他的父母在那裡擁有一座很大的農莊，與當地許多德國人一樣，他們同屬相當富有的人家。由於家中幾位年長的兄長已為祖國效命，他必須幫忙家裡務農，因此暫時躲過上前線的命運。然而，如今（一九四四至四五年二戰期間）就連他也不得不上前線作戰了。一直以來，他十分恐懼戰爭。沒想到，在東部戰線結凍的戰壕裡，現實情況遠比他曾經想像得更加駭人。

從赴戰場到返鄉，艾爾文一去就是十年。然而，如今他該回哪裡？波美拉尼亞早就劃歸波蘭，父母的農莊也已被沒收。過去十年裡，艾爾文先是在苦守戰壕期間，見到了袍澤慘死並遭遇許多恐怖的經歷，接著又被送到愛沙尼亞的勞改營，在饑寒交迫的情況下為蘇聯做苦工。

一九五五年夏天，他總算從戰爭中畢業。他花了很長一段時間尋找自己的父母。遺憾的是，他的母親早已死於逃亡途中。所幸父親依然健在，在馬格德堡附近的一座農莊，艾爾文舅舅的家。艾爾文與幾位從戰爭中歸來的兄長先後前去投靠舅舅。一直到過世前，艾爾文都待在這個地方。

這位年輕人後來娶了鄰村一位姑娘。艾爾文十分鐘情於她，可是事情卻沒那麼簡單。由於艾爾文的家業全都留在波美拉尼亞，只能在舅舅農場打工賺錢，因此岳父根本瞧不起這個一無所有的年輕人。他從來不曾接受過艾爾文，連話也都不曾與他說上一句。

儘管如此，艾爾文還是與太太過著幸福的日子。他們的生活雖然不富裕，收入還算不錯，並育有一男一女。好景不常，一種對生命具有威脅性的疾病為這家人蒙上一層陰影。還不到三十歲，艾爾文的太太就死於白血病。此後，艾爾文必須獨力撫養兩名子女。他的岳父母從不曾對他伸出過任何援手。他該如何將子女帶大呢？

同樣來自波美拉尼亞的好友為他出了個主意，將一位名為布莉姬特（化名）的女性與艾爾文送作堆。布莉姬特同樣出身於德國東部的大農莊，曾是富有的西里西亞人（Schlesien），在她九歲時，連同家裡其他成員統統遭到驅逐。布莉姬特與艾爾文彼此中意，後來還生了兒子。他們夫妻倆很合得來，只不過在面對失去故鄉這件事情上，卻是各執己見。

四十年後，在他們家裡的牆上，依然掛著布莉姬特小時候家裡農莊的畫像。

她幾乎每天都會提及兒時所蒙受的損失。她不原諒那些波蘭人。對她而言，父母的農莊並非只是故鄉、家園或經濟依靠而已，就某種層面上來說，還是自己的歸屬象徵。在她看來，她不僅是從父母的農莊被驅逐，更意味著被幸福驅逐。

相反地，艾爾文總是為波蘭人、愛沙尼亞人，甚或囚禁他多年的俄國人說好話，即使有些人曾經帶給他不少慘痛經驗，可是他不認為自己因此就有痛苦與憎恨的理由。戰爭的恐怖雖是他人生中的一部分，卻不再是他日常生活中的一部分。父母的農莊對他來說宛如過眼雲煙，岳父母對他的排斥雖然很糟，可是他什麼也改變不了。至於妻子的早逝，如今又再度重演。

每當艾爾文提到自己被囚禁期間所遇到的友善對待，眼睛就會為之一亮。當他提及自己如何尋找父親，以及母親如何死於逃亡途中等悲傷的往事，他總是不慍不火迅速地將故事講完。他更看重的是，最終再度找到父親的這份幸運。

即使年屆八旬，艾爾文還是保有如兒童般的愉悅心境。他總是說：「事情不過就是像事情所發生的那樣而已。生命會去撰寫它自己的故事。」儘管一再遭受命運無情的摧殘，艾爾文卻認為自己的人生一切正常。他不會牢騷滿腹，也不覺得別人對於他的不幸有所虧欠。他甚至比小自己十歲的妻子多活了許多年。

失去認同的女人

她周遭的人都很好奇，為何她會如此平靜。畢竟，人們經常從報章雜誌或學術文章裡讀到，有些人在突然得知原來自己是被領養的、是偷情的結晶，或是精子銀行裡某位不知名捐精者的種時，他們會喪失一般人對自我的定義，陷入不知所措的狀態。我的父母是誰？我的父親是誰？他的長相如何？我和他長得像嗎？簡言之，就是我到底從哪來的？有時，答案可以靠基因鑑定讓真相大白，有時則是要靠父母將保守多年的秘密說出來。

當來自慕尼黑的莎賓娜（化名）生下女兒幾週後，她的母親有一天突然大叫了一聲：「啊，這真的很有趣！」當時莎賓娜正與母親一起看媽媽手冊、超音波照片、醫院的手環，並且細數一連串與懷孕和生產有關的事。血型問題突然吸引了這位新出爐阿嬤的注意。她說道：「這真的很有趣，你的血型是B型，爸爸和我都是A型。」

莎賓娜也覺得這事很有意思，可是卻一點也不有趣。身為自然科學家的她很清楚，這根本就是不可能的事，一定有什麼問題。要不就是醫師驗血時把她的樣本和別人的搞混了，要不就是她根本不是爸媽的親生子女。莎賓娜實在太好奇了，無法就這麼對這件事坐視不理。難道這當中上演著像是父母在醫院裡抱錯小孩這種老掉牙的故事情節嗎？她非得弄清楚不可。

起初，她的父母認為根本沒有必要，因為科學也有出錯的時候。此外，幫她驗血型的那位婦產科醫師是個眾所周知的酒鬼，在他的診所裡，或許很容易出錯。難道說，莎賓娜的父親另有其人？不可能。她的父母保證，他們始終忠於另一半。對於莎賓娜的打破砂鍋問到底，剩下的唯一可能就只有抱錯小孩了。畢竟，當莎賓娜的母親生產後，接生的人先是向她恭喜產下一名男嬰，過了一段時間之後才又跑來更正說，其實是名女嬰。

接下來的幾個月，他們一家人先是去驗血，檢驗證明，先前的結果並沒有錯。接下來的兩項基因鑑定終於讓真相大白：莎賓娜的確是她母親的女兒，卻不是她父親的女兒。莎賓娜萬萬沒有料到居然會是這樣的結果，因為她的母親先前始終斬釘截鐵地宣稱自己忠於這段婚姻。想不到，基因鑑定報告出爐的幾個月後，她的母親改口坦承，自己曾經出軌過。

這個晴天霹靂的消息，的確帶給莎賓娜相當大的震撼，可是她並未因此迷失方向。她與這位撫養自己長大的父親關係一點也沒變，雖然她父親因為這個消息遭到嚴重的衝擊。他不僅悵然若失，更擔心從今往後，女兒和外孫們不再接受自己這個身分不明的爸爸和外公。

莎賓娜的好友和姊妹一再問她，是否會因為這件事而六神無主？她是否想去尋找並認識自己的生父？她們甚至告訴她，她應該試著尋找「自我」。有別於她的養父因殘酷真相而近乎崩潰，莎賓娜卻覺得對自己來說，根本什麼也沒有改變。這項消息的確傳進她的大腦裡，不過在她內心深處，她完全沒有感到自己受到什麼衝擊。她語帶自信地表示：「我就是我。這一點完全不會因我的生父顯然另有其人而有所改變。」

那些與莎賓娜有類似遭遇的人，面對這種事情的態度截然不同。以宋雅這位現年二十七歲的女性為例，在她得知自己其實是捐精者的後代之後，陷入了嚴重的認同危機。與她相同的案例可說不勝枚舉。宋雅曾在網路上寫道：她得知這個殘酷真相的那一天，可謂是「人生中最悲慘的一天！」她形容那種失落的感覺，好比「腳下的地面突然被人抽走」。由於德國聯邦憲法法院法官也曉得這種問題層出不窮，因此他們在一九八九年宣判，所有人都有權知悉自己的出身。正因如此，棄嬰與匿名生產（隱瞞生父）的行為總是一再遭受批評，目前德國也已禁止匿名捐精。家庭治療師佩特拉．托恩表示贊成。她的工作之一，便是輔導那些突然在自己家譜上出現知識缺口的客戶。她表示，「得知這樣的消息後，要再重新回復正常，往往需要耗費許多時間。」

相反地，不知為何，莎賓娜卻覺得這種新狀況十分耐人尋味。她很早就發現自己身上有這種特質：一旦自己的人生發生什麼改變，她總會興致勃勃，即使那些改變基本上被認為是負面的。就連她最喜愛的祖父過世，也是如此。在發生某個變故後，她早上起床時，自己會清楚知道：有些事情不同了，這不太妙。然而，基於某些就連她自己都不是很清楚的原因，這些變故似乎賦予她滿滿的動力。

得知自己的出身居然如此離奇後，她又有了類似反應。莎賓娜坦然面對真相。對她而言，事實就是事實。她頂多只是認為，如今她並不清楚自己「真正的」家族病史（他們罹患乳癌的風險是高是低？他們的平均壽命是長是短？），這點對她來說有點不利就是了。現在她終於解開自己心中多年的困惑，為何自己的雙腿和家裡每個人都不一樣。至於這雙腿的源頭在哪、哪裡還有人擁有與自己相似的腿，這些問題她一點也不在乎。她表示：「我認識我自己，這比去認識我的生父來得重要。」

從大屠殺死裡逃生的男人

二〇一一年七月二十五日，BBC新聞節目上，有位年輕人站在奧斯陸法院前，正在侃侃而談烏托亞島（Utøya）慘案。你看到時或許會認為，眼前所見是位記者。這位當年二十七歲、頭髮茂密略呈米色的年輕人，正在陳述自己在那場殘忍的大屠殺中所受到的衝擊。就在三天之前，挪威社會民主勞動黨所屬的青年組織在烏托亞島舉辦夏令營時，一位名為安德斯·貝林·布萊維克的極右分子展開了一場駭人聽聞的大屠殺。

維嘉德·格羅斯利·維納斯蘭德以冷靜、自信、流暢的口吻，敘述當時島上發生的慘事。他其實不是記者。當布萊維克在島上於七十五分鐘之內，奪走六十九條人命時，維納斯蘭德就在現場，而且差點成為槍下亡魂。短短的三天之後，這位年輕的社會民主主義者居然就能在現場直播的攝影機前，講述自己的恐怖經歷，實在不得不令人佩服。而他所做的另外一些事，則又更令人佩服。

他站得直挺挺的，告訴電視機前的觀眾：「第一聲槍響時，我人正在帳篷裡，因此無法看見歹徒。」他身上唯一表現出的不安，大概就只有不習慣面對攝影機的人通常都會流露出的靦腆眼神。維納斯蘭德接著說：「可是當我走到外面一看，我馬上就意識到事態嚴重。我見到一大群朋友為了躲避歹徒的槍擊，紛紛朝我這邊跑了過來。」有些人在奔逃過程中不幸被歹徒擊中。維納斯蘭德親眼見到，布萊維克是如何冷血地走過來朝傷者的頭部補上幾槍。見到此情此景的他，不禁也嚇得拔腿狂奔。

他和其他將近四十位年輕人躲進一間小木屋，在裡頭拼湊起一些簡單的防禦工事。布萊維克原本想要闖入小屋裡大開殺戒。然而，在朝著窗戶與牆壁射擊很長一段時間後，始終無法闖入或將裡面的人逼出，他便離開，轉往那些無從掩蔽的地方尋找其他受害者。這群被困在小屋裡的年輕人不斷聽到槍擊與哀嚎聲，不斷聽到自己的朋友和熟人驚慌失措的求救聲，每一秒都彷彿永恆。他們不斷問自己，在如此偏遠的小島上，真的會有能終結這場惡夢的救援及時趕到嗎？維納斯蘭德在電視上說道：「我想，我當時在床底下大概躲了一小時。這一小時裡，我不斷盼望、祈禱。那時真是恐怖極了，恐怖極了！」

維納斯蘭德並非先將自己的經歷鎖在內心深處，然後再以彷彿事不關己的口吻陳述出來。事實上，是某種內在的強韌讓他顯得如此鎮靜。不過，他也一度幾乎落淚。BBC的女主持人坐在攝影棚裡的紅色沙發上問他，為何在這種情況下，他還能發送簡訊給自己的家人和朋友？「在布萊維克朝著牆壁與窗戶射擊的那段期間，我不禁想著，這下子我們全都死定了！我不想讓家人陷入無謂的不安，我想，這或許是我最後的機會了！」在回答這個問題時，當時的情境顯然讓他頗為心碎，「我想告訴他們，我愛他們，希望還能再見到他們！」

就連另一位男主持人也對維納斯蘭德的表現給予高度尊敬。他表示：「每個今天早上收看我們節目，以及在棚外現場親眼見到你的人，都將對於你的勇敢、你為我們所講述的經歷以及你面對這整件事情的態度留下深刻印象！」他接著問道：「能否告訴我們，這對你來說有多困難？」維納斯蘭德回答：「這讓我受到了極大的創傷！」事件發生前一天，他與家人及女友在家裡歡聚一堂。一思及此，他整個情緒傾瀉而出：「沒想到，接下來居然會是令人崩潰與流淚的時刻。」

然而，他自己也知道，為何如今可以如此勇敢，為何他可以堅強地站出來，而非瑟縮地躲在受到層層保護的床上。這位年輕人解釋，透過他所屬的政黨，他與全世界建立了聯繫。大屠殺發生前，維納斯蘭德是奧斯陸地區的社會民主黨青年聯盟副主席。他的朋友遇害後，如今改由他接掌主席一職。他獲得來自世界各地的廣大支持。來自四面八方的鼓勵，給了他許多助力，更讓他有能力去幫助其他人。維納斯蘭德臉上露出一抹微笑表示：「我們團結一心，相互扶持。我相信，如果沒有這些支持與鼓勵，我們恐怕過不了這一關。」

九個月之後，又有一位路透社女記者前來採訪。這段期間，維納斯蘭德不曾逃避面對人生中最悲慘的恐怖時刻。他一直配戴著一個上頭印有白色「UTØYA」字樣的橘色臂章。參加夏令營的人都有這樣的臂章。「我無法將它脫下」，他表示。這個臂章提醒他，對一切都要心存感激。他語帶戲謔地表示，就連學生餐廳裡難喝的咖啡也不例外！「當然，我之所以配戴這個臂章，也是為了紀念那些我們失去的人！」

維納斯蘭德也會覺得，大屠殺事件後最初的那段時間十分難捱。他原本就快完成畢業論文（以位於黎巴嫩的巴勒斯坦難民營為題），可是遭逢變故後初期，他幾乎無法專心。當時他每個星期都去看心理醫生，此舉幫助他逐漸讓自己的思緒再度回復正常。他並不想受制於這場恐怖的經歷。

維納斯蘭德找到自己的出路，以實際行動來化解恐懼、哀傷和憤怒。這位身著連帽毛衣與運動鞋的學生向路透社的女記者表示：「那個歹徒只因為我相信民主、誠實、寬容和對話就想除掉我。」說到激動處，他不禁脫口而出：「好啊，去XX的！如果他想為此幹掉我，我將不計一切代價捍衛這些信念！」否則獲勝的，就會是像布萊維克這樣的小人。「整個挪威恐怕沒有半個人會樂於見到他的勝利。我們之中的倖存者會變得更有韌性，會變得更堅強。」

並非每位烏托亞島慘案的倖存者都像維納斯蘭德那麼沉穩。其中，現年二十一歲的亞德里安．普拉康也試圖將自己的恐懼轉化為助力，因而撰寫了一本備受矚目的書（德文版書名為《拍打石頭的心》〔*Herz gegen den Stein*〕），詳細描述自己人生當中最恐怖的時刻。他曾表示，寫這本書的目的一方面是在「紀念那些罹難者」，另一方面則要昭示「恐怖的政治手段是不會得逞的」。除了這本書以外，他更孜孜不倦地撰寫許多反對族群仇恨與歧視的文章。

當時為了躲避布萊維克的追殺，普拉康將那些已故朋友的鮮血塗抹在自己身上，接著趴在一塊岩石上。當布萊維克靠近時，普拉康幾乎完全感受不到自己的呼吸。雖然只是靜靜趴著，全身卻布滿無比的恐懼。他唯一能夠感覺到的，就只有自己的心臟在輕輕拍打著石頭。儘管如此，布萊維克還是朝他開了最後一槍。普拉康的幸運簡直令人難以置信。子彈只是輕輕擦過他的頭顱，隨即貫穿肩膀。

雖然幸運撿回一條命，不過他還是遭受嚴重的心靈創傷。慘案發生後的幾個月內，普拉康始終請病假。那段期間，他與憂鬱症搏鬥著。在每個駐足的地方，他都會不由自主想找個避難處，例如進到咖啡廳，見到天花板上的三個孔洞，他便不禁想到，躲在那裡頭應該可以救自己一命。萬一找不到任何避難處所，他就無法在那裡繼續待下去。普拉康表示，當時在島上，他根本找不到任何逃生的出路。

另外，還有件事一直困擾著普拉康。當他第一次在海邊遇上布萊維克時，這個殺人不眨眼的兇手居然放過他。當時在場的成人沒有人幸運地獲得饒恕，布萊維克像台殺人機器，一個接一個將他們統統殺掉。就在附近的海水被染得愈來愈紅時，布萊維克把槍口對準普拉康，絕望的他不禁大喊一聲：「別開槍！」想不到，布萊維克居然真的垂下武器，逕自走向別處。

對於許多大災難裡逃過一劫的倖存者來說，「自己活著，別人卻得死」，這項既幸運、又殘酷的事實可說是一大煎熬。對於普拉康而言，這簡直令他難以承受。饒過他的並非機緣巧合或命運安排，而是那個令他噁心至極的連續殺人狂。是布萊維克的一念之仁讓他活了下來。

到底為什麼？他不斷在這個問題上鑽牛角尖。普拉康表示：「有時我幾乎一整天都在想這件事。」

二〇一一年十一月，烏托亞島大屠殺後四個月，普拉康將以證人身分，出席在奧斯陸對布萊維克舉行的審判。某天晚上，普拉康居然在一家酒吧毫無來由地對一男一女動粗。當時對方並未做出任何挑釁舉動，雙方也沒有顯著的衝突理由，可是普拉康卻將那個男的打倒在地，並且不斷用腳踹對方的頭。

普拉康被一狀告上法院時，審判布萊維克的程序尚未開始。審判過程中，這位滿手血腥的兇手表示，他之所以饒了普拉康一命，是因為在他眼裡見到了「極右的傾向」。

二〇一二年八月，就在布萊維克的案子宣判前不久，另一庭的法官先對普拉康的案子做了宣判。由於念在普拉康罹患了「創傷後壓力症候群」（post-traumatic stress disorder, PTSD），法官特別對他從輕發落，僅判處一百八十個小時社會勞動外加一萬挪威克朗（約一千四百歐元）罰金。普拉康表示，自己對此感到十分懊悔，在歷經恐怖的烏托亞島慘案之後，自己必須「重新認識自己」。

這位菜鳥醫生幾乎不敢踏進那位患者的房間。看著那個如此不幸的人癱在那裡，讓這醫生害怕到喘不過氣來。難道不該多花點心思去照顧這樣的一個人？難道不該去傾聽他的心聲？難道不該和他閒聊一會兒？那個人的生命已經支離破碎，必然難以承受這命運。

那個人自第二節頸椎以下完全癱瘓，全身上下唯一還能動的，就只剩頭部的肌肉。他可以說話、吞嚥，擠眉弄眼，甚至還可以顫動耳朵。不過，他所能夠做的也只有這麼多了。自從多年前在西班牙渡假時，頭部不慎於游泳之際撞上礁石，這位患者便再也無法控制自己的身體。

如今，他只能癱在那裡看著遠方，聽著收音機，讓人餵食，或者，只能就這麼癱著。

這個狀態一晃已逾數年。這個如今還不滿四十歲的男人，平常和太太一起在家裡生活。生活？事實上，他根本沒有辦法獨力進食，連喝個東西也必須靠別人將他的頭部托起。至於閱讀，如果有人在一旁幫他翻頁，倒是可行。幾個禮拜前，他曾因感染肺炎被送往慕尼黑大學醫院，如今逐漸康復，很快就能出院返家。

他出院前的某天早上，這位菜鳥醫生鼓起勇氣，前去和患者交談。他簡直不敢相信對方說的話。原本他預期，自己會見到一位絕望、憂鬱、毫無求生意志的人；一位覺得自己的人生毫無意義，索性用棉被把自己的頭蓋住的人；一位寧可在今天了斷生命，也不願拖到明天的人。

這個人簡直完全出乎自己的意料之外。原來，他更害怕別人會剝奪他求生的意志。他告訴這位醫生：「我想活下去！」他的家人很想「送他走」。對他們而言，照顧他是一項無止無盡的折磨。他曾經聽到，太太是如何央求醫師別再替他施打抗生素，也許讓他就這麼死於肺炎，對全家人來說是個完美的解脫。然而，他還是渴望能夠活下去，儘管動彈不得，可是仍然享受生命，並且由衷認為：活著真好！

對於這位菜鳥醫生而言，對方的說法簡直匪夷所思。他以為所有人都會抱持同樣的想法：萬一自己的靈魂被囚禁在一個完全癱瘓的身體裡，自己會受不了！或許每個身體健康的人在想像這事時都會說：「我寧可一死，也不願落入如此悲慘的境地！」一九七〇年代，人們曾一度認為，每個人都有個人的基本幸福水位，無論是中了彩金超高的樂透，抑或發生意外後必須在輪椅上度過餘生，幸福指數在短暫向上或向下偏移一段時間後，便會再度回歸原本的幸福水位及與生俱來的人生滿意度。然而這位菜鳥醫生知道，事實並非如此，因此之前，他十分不想與這位不幸的患者接觸。

我們經常可以在媒體上見到一些報導，描述某些重度殘疾者或是比這位四肢完全癱瘓的男性更嚴重的患者，是如何熱愛生命。前不久，這位醫生才在一篇比利時的研究報告裡讀到有關「閉鎖症候群」（**locked-in-syndrom**）患者的故事。這類患者因為中風、退化性病變或意外事件等因素，被囚禁在自己九十九．九九％既動彈不得、也多半沒有感覺的身體裡，必須依靠人工呼吸和餵食。

在這篇研究報告，受訪的六十五位閉鎖症候群患者中，超過三分之二的人認為自己很幸福。他們當中某些人只能借助身上尚能活動的部分，像是眨眼睛或來回移動眼珠，吃力地回答這個問題。當看護或電腦將字母順序顯示給患者，他們會藉由眨眼喊停，一個字母接著一個字母，將自己想說的話傳達給醫師。只有七％的受訪患者表示寧願一死。如果所有被聯繫的患者都能作答的話，這部分的比例或許會更高。然而，只有極少數患者願意參與這項研究，而願意作答的或許都是最具有生存勇氣的患者。無論如何，這項研究明確指出：縱使生命只剩下自我意識，總是有些重度殘疾者渴望活下去。

這位癱瘓的男性告訴菜鳥醫生，意外發生後不久，自己的確曾有過自殺的念頭，可是他就算想死也無能為力。他再也無法獨自做些什麼，對他來說，再也沒有自主的人生可言。起初，這就像是酷刑，如果光憑意志力就能自殺，他很樂於這麼做。

過了幾個月，他重新找回生存的喜悅。他很享受聆聽有聲書，很享受每天可以體驗到新事物、可以不停學習，也很享受吃東西的樂趣。如果能夠重來，他當然希望那場愚蠢的撞頭意外從來不曾發生。只不過，他已有好長一段時間不再去想這件事了。畢竟，當時他還年輕，年輕人總會幹些蠢事，而他所做的事還特別蠢！

不過，如今他再也不蠢了。他說：「我活著！」而他的幻想、想像、認知與記憶則是他僅有的。

被囚禁八年的人質

她的台風如此沉穩，許多專家對此議論紛紛。這一切是真的嗎？兩個禮拜前，這位十八歲少女才剛從綁架她的歹徒手裡幸運脫逃。她擁有自由之身得回溯到小學時。過去八年來，娜塔莎．坎普希一直受制於綁匪。那段期間，她只走出歹徒家門幾次，其餘大部分時間都被囚禁在地下室一個約五平方公尺大的地牢，供歹徒任意折磨。有時綁匪甚至將她關在黑暗裡，不給任何食物。二〇〇六年八月，娜塔莎遭綁架三千零九十六個日子後，她終於找到機會成功脫離魔掌。

儘管遭逢如此令人難以置信的命運，少女上電視受訪時，卻表現得十分堅強鎮靜。她以慧黠的口吻侃侃而談自己、與歹徒的關係，以及多年來的悲慘遭遇，她的冷靜令觀眾留下深刻印象。逃出魔掌十四天後，她已經在思考要如何利用重新獲得的自由。儘管社會大眾對於她的一舉一動投以高度訝異、甚至質疑的眼光，可是她一點也不受影響。不久之後，娜塔莎甚至在奧地利主持起脫口秀電視節目。

看過娜塔莎初次電視訪問後，心理學家丹妮耶拉．豪瑟爾（Daniela Hosser）表示：「她讓我印象深刻。我看到一位非常堅強、聰明、勇敢且健談的人。這個人完全有能力深思熟慮地講述自己的經歷。這絕對不是假裝的。我們確實也能觀察到，談論某些事情時，對她來說並非那麼輕鬆。」對比這位十八歲少女所歷經的恐怖遭遇，她表現出的從容與鎮靜，的確出乎所有人意料之外。豪瑟爾猜測，如此的鎮靜，或許是她對於自己及自身處境沉思多年後的結果。

許多精神病學家與心理學家都覺得一切簡直難以置信。為何娜塔沙的身上沒有形成任何陰影？她的生存勇氣究竟從何而來？還是說，一切根本都是裝出來的？

「這位少女讓所有專家跌破眼鏡，連我也不例外！」已故心理分析學家豪斯特—艾伯哈德·里希特（Horst-Eberhard Richter）曾在娜塔莎初次受訪過後幾週如此說。娜塔莎的言行舉止，「截然不同於其他許多心靈遭受嚴重創傷的人」。他的一些同行不僅對於娜塔莎的可信性深表懷疑，甚至猜測一切是否都是套好招的？有些人預測，有朝一日，她將徹底崩潰。另外一些人則表示，她需要長期的心理治療。對於以上種種看法，他頗不以為然：「如果她自己想要接受心理治療倒也無妨。然而，並沒有這個必要。她證明了，她的自我療癒能力更值得信賴。」

長達八年，娜塔莎的一舉一動，無不受制於綁匪。她吃什麼、穿什麼，晚上幾點必須關燈，全部必須聽命行事。他甚至還給她取了新名字，命令她將體重控制在幾公斤，並且不許她再提起原本的家人。如果她不服從，就會被毒打一頓。儘管如此，她寧可被又踹又打，也堅持拒絕遵照歹徒的要求，稱呼他為「主人」。

後來娜塔莎公開表示，這個歹徒找錯對象了！「他不是我的主人，我從頭到尾都一樣堅強。」這句話出自成功脫逃一週後她寫的一封公開信，由心理醫師在記者會上宣讀。後來娜塔莎在接受訪問時說，就連歹徒也對她的反應頗為訝異：「他很好奇，為什麼我可以那麼鎮靜？」然而，這就是她。「過度情緒化地去看待一切，於事無補。縱然是在困境裡，我還是選擇做我自己。」

娜塔莎顯然是以她個人內心的自由，來與歹徒的外力強迫相抗衡。誠如里希特所言，她昭示了，「即使是受到最極端的屈辱與折磨，一個人還是可以維護自己的自尊心。」此外，她以正面的態度展望未來，這一點也相當打動人心。她曾在公開信裡提到，她知道自己擁有一個不尋常的童年，可是她沒想過要逃避這一切。她很認真地表示，至少自己在那樣的情況下沒有機會「學會抽菸、喝酒」或「誤交損友」！

為何她能在孤立無援的情況下撐過這麼長的時間？這位少女在電視上說道：「我和未來的自己有個約定，她一定會來拯救這個小女孩！」這位當時年僅十八歲的少女表示：「我的內心從不孤獨。我的家人以及過去種種幸福回憶，一直和我在一起。我對自己發誓，我會成長、茁壯、變得更有力量，有朝一日一定可以解救我自己。」

除了她的堅強、她對未來的信念以及她與家人的連結，娜塔莎的身上還具備了某種特質，那就是移情能力。儘管多年來她從未感受過他人給予的同情，可是她卻依然擁有民胞物與的情懷。她將脫逃後所獲得的捐款，轉送給斯里蘭卡的醫院。為何是斯里蘭卡呢？她解釋：「被囚禁期間，我曾經從廣播裡收聽到二〇〇四年的南亞大海嘯。我聽了許多相關報導，當時我的腦海裡全是些恐怖的畫面。」

她甚至還對綁架她的歹徒及其母親表示同情。綁匪在她成功脫逃後隨即自殺身亡。娜塔莎曾經前往法醫研究室，並且在綁匪屍體旁點上一根蠟燭。她表示：「在我看來，他其實不需一死。他曾是我人生中的一部分，因此我以自己的方式來悼念他。」如同所有人質，她也反思了自己與歹徒的和解。她曾在自傳《三〇九六個日子》（*3096 Tage*）裡寫道，這並不是病態，更確切來說，「這是一種在毫無出路的情況下的求生策略」；或者誠如她在電視上所說的：「在現實生活中，沒有內心的奮鬥，一個人是無法生存的。」

2. 面對壓力，你需要心理抵抗力

一個人會感受到多大的壓力，
很大程度取決於
個人從小所培養的心理抵抗力。
其中，個人特質、社會環境
和教育等因素，
也發揮了部分的影響。

「我覺得壓力好大！」今日，幾乎每個人一星期都會說一次這句話。不過早在七十五年前，人們從未聽說過這樣的句子。出生於維也納的醫生漢斯・謝立耶（**Hans Selye**）在一九三六年發明了「壓力」這個如今眾所周知的概念，並針對此現象撰寫了一千七百多篇論文和三十九本書。在那之前，學術界對於這樣的現象從未有所著墨。其實，「壓力」早在石器時代就已為人所知。從古時候開始，便存在著許多對於人類而言既困難、又艱辛的狀況；其中不少狀況的困難程度，或許不亞於我們今日的種種負擔。至少，遍尋不著食物的絕望，或因躲避劍齒虎的攻擊而上升的壓力等級，絕對比擔心在大庭廣眾前演講出糗，帶來更大的負面情感。

這當中的壓力就在於，為了避免被吃掉，我們必須在某個困境裡迅速做出反應。此時，血壓與心跳會節節升高，呼吸變得急促。腎上腺素大量分泌，藉此讓大腦與肌肉充滿能量，整個身體被調整至隨時可進行戰鬥或逃亡的狀態。生物心理學家克雷門斯．基爾許鮑姆（Clemens Kirschbaum）曾總結：「壓力讓我們得以在天差地別的各種環境中發揮最高效能。」只不過，危險過去之後，這一切身體反應也應當盡快消失。

處於長期壓力下將失去平靜

如今，壓力已成為日常生活的一部分。心理學家莫妮卡．布林傑（Monika Bullinger）表示：「一再重申『人們不應該閒著，應該認真地多幹點活』，似乎已成為常態……於是，『偶爾會讓人喘不過氣來的辛苦感覺』與『持續性的負面情感』（壓力反應終結時並沒有感覺自己成功完成什麼）兩者不再有所差異。人們低估了這種無法被解決的壓力所代表的健康風險。」

如果身體持續處在警戒狀態，往往會先在精神上察覺到後果。受壓力所苦的人不僅會不舒服，還會不安或哀傷。有些人則焦躁、喜怒無常，甚至迅速崩潰。長期處於壓力下的人多半再也無法歸於平靜，幾乎無法承受沒有壓力的期間，也早已忘了休息這回事。長此以往，除了率先出現的精神警訊之外，身體方面的毛病也會一一跑出來。至於會出現什麼毛病，每個人的情況可能南轅北轍。預防醫學專家克里斯多夫．邦貝爾格（Christoph Bamberger）表示：「每個人都有屬於自己的罩門。」到最後，精神上的負擔再也無法甩開，諸如憂鬱症或近來經常聽到的倦怠症（一種較為溫和的憂鬱症）等心理失調的症狀便會跟著出現。

忙碌且充滿挑戰的一天究竟會帶給人多大的壓力呢？每個人的情況不盡相同。對某甲而言，搞定兩個行程恐怕就已經超過他的負荷。對某乙而言，可能要遇上什麼難解的麻煩，他才會覺得困窘。對某丙而言，無論發生什麼狀況他都無所謂。

一個人感受到多大的壓力，很大程度取決於個人從小培養的心理抵抗力。其中，個人特質、社會環境和教育等因素，也發揮了部分的影響。此外，有些輔助策略也可以幫助我們輕鬆面對日常壓力，進而在日後增強個人對抗人生逆境的抵抗力。有愈來愈多人格心理學家得出一項相同的結論，我們的本性要比一般所認為的更少受到雕鑿；換言之，人其實可以讓自己做出很大的改變！（參閱第二四六頁）

學習分辨壓力是第一步

專業抗壓教練一般會先教授學員，學習辨別自己在日常生活中遭遇的各種壓力，包括負面、具有破壞性的壓力，也包括可以幫助個人妥善因應困境、具有建設性的壓力。因為，唯有分辨這些性質迥異的壓力，我們才能針對致病的壓力予以克服。（參閱第二九一頁）。

對於嚴重的、具有毀滅性的壓力，能夠讓人立刻放鬆的技巧是不可或缺的。許多教練會採取「自律訓練」或是由艾德蒙．傑各布森（**Edmund Jacobson**）發明的「漸進式肌肉放鬆法」。另外一些教練則會採取東方做法，如瑜珈、冥想技巧（包含「正念練習」）以及氣功或太極拳之類的動態放鬆練習。有些人會尋找完全屬於個人的方式，像是遠距散步，或是每天中午十二點強迫自己休息。究竟哪些方法最有效，完全取決於個人當前面臨的問題，同時也取決於尋求壓力協助者的偏好。

無論如何，重點在於降低血壓、心跳及腦電波，提高鎮靜、滿足和幸福。至於它們發生的順序為何，不同放鬆方法有截然不同的看法。例如，著重於身體的漸進式肌肉放鬆法主張，心理的壓力過程會在人們鍛鍊身體功能後改變。想要採取這種方式放鬆的人，必須針對個別肌肉群反覆進行收縮與舒張的練習。專注在這些練習上可以讓精神趨於平靜，讓人既沒有空間、也沒有時間去思索明日繁重的工作。此時，人們必然只會把自己的心思放在自我練習。

相反地，自律訓練則嘗試透過心理過程的改變，去影響身體的功能。採取這種方法放鬆的人，透過在思想上不斷地、緩慢地重複相同的想法來自我暗示。他們會令自己確信例如「自己的雙手與雙腳很沉重」或「自己的呼吸既平穩、又規律」。他們認為如果花費許多心力反覆練習，有朝一日這些信念便可能成真。

只不過這種方法的風險在於，一旦人們再度想起未完成的工作，壓力就會統統回籠。在這種情況下，諸如正念練習等技巧可以發揮很大的助益（參閱第三〇二頁）。我們可以學習用新的眼光來看待日常生活，重新衡量那些林林總總的煩惱；在最好的情況下，甚至可以不再將之視為令人難受之事。對於令人不悅及無可避免的事物，我們的認知可以幫助我們改變看法。

找回工作與休閒的分野

想要克服壓力，包括重新贏回工作與休閒之間的明確分野。在過去這是理所當然的。但在一個由手機及平版電腦所構築的職場裡，員工隨時隨地都可能被人透過電話或電子郵件找到。在這種情況下，到了晚間想暫時脫離「電子奴隸」管理者的驅策，放鬆一下，簡直難以想像。「我接下來可以離線一會兒！」這彷彿是心靈的一個短暫假期。休息時間非常重要，許多持續感受到壓力的人顯然都忘了這一點。他們必須重新學習，「乾脆關機一下」會為自己帶來多大的好處（參閱第三〇八頁）。

進行抗壓訓練時，人們其實沒有必要陷入不思進取的狀態。有點壓力其實是好的。畢竟，壓力代表激勵、創造及能量。唯有當壓力長期持續，而且無法透過偷懶、活動或放鬆充分地將之消除，壓力才會成為人類的敵人。

無論如何，每個人都必須應付某種形式的壓力，那些無法逃避的辛勞與負擔總是持續存在：關係可能中斷，子女可能惹事，老闆可能突然接獲國外來的大訂單。

失業可說是人生中最嚴重的負面際遇之一。沒有哪種人生危機比不再被需要的感覺，更能強烈吞噬一個人的自我價值感。心理學家米歇爾・艾德（Michael Eid）

與麥克．盧曼（Maike Luhmann）對此做過詳細研究。即使是第二次或第三次失業，大部分的人也不會因此認為失業沒那麼嚴重。數十年來，學者們咸認，當某件事對於某個人的人生帶來十分重大的改變，我們最終還是會與它妥協。一項著名的研究指出，在中樂透或發生半身不遂的意外不久後，當事人便會以一如既往的方式看待自己的這些人生際遇。「不過並非總是能夠習慣」，艾德與盧曼特別強調，「時間顯然無法治癒所有的創傷。」

在失業方面，甚至存在著某種「增敏作用」。發展心理學家丹尼斯．格爾斯多夫（Danis Gerstorf）表示：「這宛如一個不斷向下鑽的螺旋。」其他專家也認為，失去工作不僅造成自我價值感的喪失，同時也造成社會接觸的喪失。一旦缺錢，往往連帶激化與親朋好友之間的衝突，參與各種活動的機會也會降低。艾德與盧曼指出：「因此，我們的社會急需一些防護計畫，藉以減緩多次失業帶來的衝擊。」畢竟，一再失去工作的情況並不罕見。

壓力也可能潛伏在某些乍看之下根本看不出來的地方。光是生活在大城市，對於心理健康就是一種威脅。大城市居民罹患心理疾病的比例遠高於生活在鄉間的人，即使城市裡的醫療設施比較完善。城市生活的負面影響包括「過度刺激」以及

「在漫長的一天裡遇見無數素未謀面的人」，或許扮演了某種角色。我們的大腦對人臉十分感興趣，它會盡可能辨識出最大量的人臉。然而矛盾的是，如果我們與成千上萬的人共同生活在一個狹小的空間，我們也會同時想要避開。因此，大城市的居民大腦裡負責處理壓力、控管情緒的區域，會持續處在高效運作的狀態下。後果便是，城市人身上罹患憂鬱症的風險提高了三十九％，罹患恐慌症的風險則提高了二十一％。此外，心理醫師佛羅里安・雷德伯根（Florian Lederbogen）與安德烈亞斯・麥爾－林登貝爾格（Andreas Meyer-Lindenberg）發現，人所居住的城市規模愈大，罹患「精神分裂症」的機率相對愈高。

這兩位心理醫師甚至證明，大城市居民本身就會感受到較多的壓力。他們讓心理健康的受試者接受核磁共振造影，並且觀察，讓受試者一邊做困難算術、一邊又遭到嚴重的辱罵時，大腦會發生什麼事。這樣的情境代表著壓力。結果顯示，受試者會心跳加速，血壓飆高，血液中壓力荷爾蒙「皮質醇」的濃度會增加。而且，受試者所居住的城市規模愈大，大腦恐懼中樞（由於狀似杏仁，因此被稱為「杏仁核」）裡的神經細胞便愈活躍。近年來，人們已逐漸確定，杏仁核在許多精神疾病上扮演著某種角色。遷居到鄉間會有所助益，只不過，要讓升高的大腦活動逐漸歸於平靜，恐怕得花上數年時間。

逃走是沒有用的

那麼我們該做些什麼呢？難道說，為了降低壓力，我們必須避居偏僻鄉間、遺世獨立的寺院或杳無人煙的荒島？為了擺脫被解雇的恐懼，乾脆馬上自立門戶？為了避免伴侶離開，就對對方百依百順？如此一來，不是又為自己增添更多壓力了嗎?!現代人在生活上所擁有的無限選擇，也可能會摧毀幸福。在一個充滿機會的世界裡，記得什麼對自己才是重要的，並且滿足於目前已達到的，簡直是一大挑戰。發展心理學家暨預防醫學專家佛里德里希・勒舍（Friedrich Lösel）表示：「認識自己的優先性，依據它們生活，不讓他人使你瘋狂，這便是必要的守則。」

過去，大多數人有老家，他們在那裡成長，從來不用搬家。萬一不得已得更換住處時，往往會住到附近。他們會去員工不多的地方工廠當學徒，或是在鄰近的大城市裡完成學業後返鄉。理所當然，他們也會讓子女就讀自己的母校。

今日，這種安逸的生活型態已十分罕見。近年來，選擇的權利已經多到變成壓迫。現代人必須不斷自問，難道不該充分利用提供給自己的諸多選項嗎？在同一家公司服務了十年到底對不對？別的地方會不會有更棒而且待遇更好的工作在等待？存下來的錢到底要做什麼？難道不該將子女送去讀私立學校？如果沒有到國外住上一段時間，臨終前會不會留下遺憾？婚姻是否還像自己一直以來所夢想的那麼美滿？性愛的頻率及品質都足夠嗎？在高度自由的生活型態裡，平靜鮮少會降臨！

然而，逃走是沒有用的。強化我們的心靈才是較好的途徑。

3. 工作讓你倦怠嗎？

最大的壓力來自於
只能被人拖著走的感覺。
那些有志難伸的人，
那些對於損失無能為力的人，
那些完全使不上力的狀況，
正是後果最嚴重的壓力起因。

所有人都對這位女性表示欽佩。

這位事業成功並育有三名子女的女建築師，任職於慕尼黑北部一家大型企業。她的三名子女現年分別為六歲、三歲和一歲。在每次短暫的育嬰假過後，她隨即返回每週必須工作三十小時的工作崗位。在辦公室裡，她總是心情愉悅、容光煥發。她的高效率賦予了她充滿自信的眼神。她十分樂於與人分享自己的組織天賦，並經常告訴他人，自己是如何將家庭、婚姻及繁重的工作全都打理得井井有條。所有人都對這位女性表示由衷的欽佩。然而有一天，這位優秀的女性居然沒來上班，不僅如此，接下來的幾天她又連續告假。原來她昏倒了！她被送往療養院，請了半年的病假。她的醫生懇切地告誡她，切勿在週末時返家探視家人，她的先生和子女最好也別在她靜養期間前來探視。她必須暫時先遠離一切，因為她的檢驗報告實在很不樂觀。

倦怠症已日趨普遍

如今，一般人對自己的要求往往難以達成。我們不僅想要避免鄰居或同事的批判眼光，還想滿足來自老闆、伴侶、子女甚或年邁雙親的種種要求。正如這位慕尼黑女建築師，在身體再也撐不下去，最後一刻突然踩煞車或罷工之前，許多人對於壓力增加毫無自覺。

工作上的高效能往往會導致精疲力竭的倦怠症。這個大家琅琅上口的概念，是在一九七〇年代由紐約的心理醫師赫伯．佛洛伊登貝爾格（Herbert Freudenberger）所提出。他主要的觀察對象是那些社會工作者。這些人對於自己的工作多半抱持強烈的責任心與完美主義。工作幾年後，他們往往感覺到精疲力竭與不堪負荷，不但精神萎靡，身體也遭受病痛糾纏。對於自己一度熱愛的工作，許多人這時會反過來，改採敬而遠之甚或冷嘲熱諷的態度。

今日，倦怠症早已不再侷限於社會工作者，誠如「德國精神病學、心理治療、心身醫學暨神經病學學會」指出，這種危險潛藏在所有職業裡。他們認為，單親媽媽或爸爸以及那些在家裡照顧親人的人，都是倦怠症的高風險族群。

一項芬蘭所做的大規模問卷調查顯示，約有四分之一的成人患有輕微的倦怠症，全國總人口的三％則患有嚴重的倦怠症。與此有關的指南、專業書籍及報章雜誌，就像剛出爐的麵包一樣搶手熱賣。民眾顯然有高度的需求，因為裡頭所描述的部分症狀，正好自己身上都有。

導致此現象的原因之一就是，如今的工作泰半有許多甚或過多的要求。二〇一二年的「德國醫師日」，全體與會醫師一致呼籲：「職場應當再度回歸符合人性狀態，而非一味追求獲利。」他們每天見到愈來愈多上門求診的病患。有些人只是單純出現心理方面的症狀，例如憂鬱症或恐慌症，有的則已出現相關身體症狀，較常聽到的心因性疾病有耳鳴與背痛等。心血管疾病往往也帶有心理方面的成因。

如今，每兩名受雇員工就有一名抱怨工作負擔太重。德國「聯邦職業安全暨職業健康研究所」在二〇一二年所出版的《壓力報告》（*Stressreport*）中指出，受訪的一萬八千名受雇員工裡，有五十二%認為自己深受時間及效能的壓力，四十四%認為自己在工作期間經常被電話與電子郵件所打擾，此外，有三分之一的人則因龐大的工作量而犧牲休息時間。

黃色小紙條只有暫時效果

萬一壓力再度變得過大，德國民眾多半透過家庭醫師來減輕負擔。一張無工作能力證明的黃色小紙條，至少能讓他們獲得幾天的平靜。借助醫師的簽名、蓋章，所有責任可以暫時拋到九霄雲外。這時一個人總算可以悠哉悠哉地放空個幾小時，享受從天而降的自由，不再受他人的頤指氣使，安心做自己想做的事。縱然沒有發燒、身體完好、心臟也正常跳動，即便不多說些什麼，醫師泰半也會為受雇員工開立證明。因為他們曉得，對於過度壓力下的人來說，幾天的自由便足以發揮調節閥的功用，讓一個人再度生龍活虎，心靈充滿能量，藉以面對往後日常的瘋狂。醫師們稱此為「心理預防」。換言之，這是一種防範於未然之舉，避免患者拖到最後瀕臨崩潰才上門求診。

然而，如果壓力長期持續，工作條件也沒有任何改善，借助醫師所獲得的合法暫停其實幫助不大，頂多只能推遲倦怠症的發生。

某些企業意識到自己必須有所改變。像是食品及清潔用品大廠「聯合利華」，近來便以員工曠職時間的多寡來評鑑各級主管。受雇於該企業的醫師歐拉夫表示：「患病率高並不必然代表拙劣的領導。」畢竟這與員工年齡、性別以及病史等有關。不過人們也發現，不少主管在職位變換時，某種程度上會將自己先前團隊的患病狀態帶進新團隊裡。如果患病狀態始終居高不下，老闆就會找團隊負責人來聊一聊。

「德國聯邦勞工暨社會事務部」也曾針對曠職時間做過詳細統計，結果顯示，心因性疾病對於員工的生產力有顯著影響。正如前述那位慕尼黑女建築師，當事人往往演變成必須一連數月掛病號，經過密集的治療和休養，日後才能緩步重回正常生活。據統計，目前歐洲每年必須為心理疾病支出約三千億歐元，而且持續上升。

根據「德國聯邦勞工暨社會事務部」的統計，二〇〇一年時，德國由於心理疾病及精神失常所造成的曠職時間為三千三百六十萬個工作日，到了二〇一一年，全國總曠職時間則攀升至五千九百二十萬個工作日，這當中還不包括心因性疾病。總體來說，二〇〇一年時，心理疾病所造成的曠職時間僅占所有曠職時間的六・六％，到了二〇一〇年時則為十三・一％，短短十年中已經翻了一倍。今日，心理疾病已成為因病提早退休最常見的原因。

「世界衛生組織」（WHO）之所以將工作壓力視為「二十一世紀最大的危險」並非沒有理由。目前歐盟許多國家已開始實施保護勞工免受心理負擔危害的法令，並將其列為職業傷害之一。正如噪音、強光及毒氣，工作崗位上持續性的壓力對於身體健康同樣是難以承受的侵害。令人遺憾的是，德國並不在實施這類法令的歐盟國家之列！

倦怠症所潛藏的風險在於，精疲力竭是以多種方式秘密且緩慢地進行。凡是出現背痛、注意力不集中、消化問題、心悸、健忘、頭痛、心神不寧、失眠等症狀的人，身體或許早就在反抗持續性的過度負擔，反抗一再重來的挫折、幻滅或不被認可。

麻煩的是，這些症狀也有可能是出於截然不同的原因。因此，許多當事人很難察覺到自己其實承受了過多負擔。於是他們藉由更努力工作、額外的行程、更少且更短的休息、早上吞興奮劑晚上嗑安眠藥等方式，去對抗內心的空虛、油然而生的無意義感以及持續性的心理矛盾。有時他們甚至求助於更強的藥物。如果沒有人出手干預，這樣的螺旋便會不停轉下去，直到再也轉不動為止。

倦怠的背後

有時，就連專業醫師也可能搞不清楚，自己的病患究竟怎麼了。問題在於，精神病學家與心理學家迄今仍無法為倦怠找到一個公認的定義。

倦怠症這種徹底精疲力竭的狀態不被視為獨立的病症，而且背後經常隱藏著更多，例如大多數情況裡，都隱含著輕微的憂鬱症。只不過，醫師往往不會這樣告知患者，因為「倦怠」一詞聽起來，較能賦予當事人積極進取的形象，讓人覺得他們是鞠躬盡瘁、死而後已，有別於憂鬱症患者一副無所事事、可憐兮兮的模樣。因此，醫師們往往樂於對患者說，他們是罹患了倦怠症，患者本身也較容易接受這樣的說法。

身兼心理醫師與「德國抗憂鬱症聯盟」理事長烏爾里希・黑格爾（Ulrich Hegerl）警告：必須小心，別因概念而將憂鬱症無害化！對狀況的錯誤理解會導致錯誤的處理策略，譬如利用黃色小紙條（亦即患病證明）短暫地逃離造成精神疾病的日常工作。

萬一隱藏在倦怠感背後的並非工作或自我的過度要求，而是輕微的憂鬱症，那麼此舉就會是完全錯誤的策略。黑格爾警告：「長時間睡覺或窩在床上，反而會讓憂鬱症更加嚴重！」波昂大學醫學院院長沃爾夫岡・麥爾（Wolfgang Maier）也提醒大家：對於單純負擔過度的人而言，健康的飲食、運動、放鬆訓練與新的時間管理很有助益，但對憂鬱症患者卻不盡然。為了取得長期的療效，後者所需要的是醫療協助。

人們或許認為，當事人應該很容易就能獲得他人的幫助，或是自己主動取得協助。心理疾病雖然經常被媒體或社會大眾廣泛談論，若真有那麼容易解決，不是應該早就脫去社會賦予它們的汙名？儘管有許許多多在這方面投注大量心力的醫師，儘管有許許多多勇敢的患者願意站出來，大多數人卻依然認為，這類疾病與所謂的「經理病」心肌梗塞不同，必須隱瞞起來。就連德國聯邦政府也從未正視過這些心理疾病的問題。

真正的國民病

就在前不久，一份內容涵蓋三十個歐洲國家的大型研究報告剛出爐。研究結果顯示，目前有超過三分之一的歐洲人每年會在心理方面出一次問題。換言之，在不受政治包裝的情況下，精神疾病可說是實實在在的國民病！

由精神病學家漢斯─烏爾里希．維謙（Hans-Ulrich Wittchen）與心理學家法蘭克．雅各比（Frank Jacobi）共同領導的國際研究團隊，前不久發表一份研究報告指出，相較於其他疾病，心理疾病會讓病患更為強烈地降低對人生的期待。而一個身體健康之人，存活壽命也會因心理疾病而大舉縮短。

這當中，民眾們最常罹患的有恐慌症（約十四％）、失眠（約七％）、憂鬱症（約七％）、心因性疾病（約六％）以及酒精或藥物依賴（約四％）。女性較常罹患憂鬱症、恐慌發作與偏頭痛，男性則是以酗酒為主。

其實，心理疾病並不像媒體報導的那樣愈來愈層出不窮，唯一持續增加的只有憂鬱症，且讓學者們感到訝異的是，有愈來愈多低齡的患者出現。維謙表示：「在低於十八歲的年輕族群裡，顯著罹患憂鬱症的患者比以前多五倍。」除此以外，專家學者們並沒有發現其他較具戲劇性的發展趨勢。更確切來說，心理疾病患者的人數只在二戰結束後的幾年裡微幅上揚，在那之後便再度下降。

然而，因心理疾病而告假的情況卻持續增加。根據維謙與雅各比的推測，目前就診的患者或許還不及所有確診者的三分之一。一直到決定就診前，患者往往都會先拖個好幾年。他表示，低度的問題意識其實才是維護心理健康真正的困難所在。

不過，如今的工作型態比從前更容易讓心理有問題的人顯現出來。患有心理疾病的人通常做不來現代職場上頗為複雜的工作。對罹患輕微憂鬱症的人來說，收割乾草的工作，也許會比與一位難纏客戶進行行銷溝通容易。在一份高度分工的工作（例如在生產線上作業）所能獲得的休息，往往多過服務業或藝術（藝術工作需要許多個人的動力、創造力及靈活性）方面的工作。今日，一旦患者再也沒有能力完成目前的工作，或許較快就能察覺自己出了問題。

心臟是最大的苦主

心身醫學家愈來愈常發現，某種身體疾病背後隱藏著某種心理負擔。觀察身體疾病是如何由心理所引發，這個專業領域二十多年前開始興起。人們今日已不再懷疑，生病的心理會對身體造成劇烈影響，心身醫學家甚至還發現，憂鬱症會提高骨質流失的風險。

不過，心臟其實才是這類有害影響最大的苦主。目前已有大量相關研究證實，深受工作壓力所苦的人，發生心肌梗塞的風險是工作沒什麼負擔的人的兩倍，罹患憂鬱症甚至會讓引發心肌梗塞或中風的風險提高兩倍。精神狀態也會顯著影響治癒的機會。前不久，美國南加州大學的學者指出，同時患有憂鬱症及中風的人，死於中風的機率是單純中風患者的三倍。

哈佛大學的茱莉亞．波姆（Julia Boehm）強調：「重要的不僅是避免負面的狀態，更要促進良好的狀態。」這位流行病學家前不久才在八千多名倫敦官員前發表一項驚人研究。她的研究是著名的「白廳研究」——註的一部分。波姆的結論是：幸福員工的心臟比不幸福員工的心臟來得好；對現狀感到滿意的人，罹患心肌梗塞的風險比對現狀感到不滿意的人低十三%，而且滿意度愈高的人，心臟就愈健康。「不僅對於工作的滿意度扮演了某種角色，就連對愛情、嗜好及生活現況的滿意度也同樣扮演了某種角色。」這位女性學者建議，醫師在對患者提及心肌梗塞的風險時，不該總是只想著高血壓、體重過重或菸癮，也該想到心理健康。

不過，誠如前述，這很大的程度得視壓力的類型而定。從罹患倦怠症或憂鬱症的名人身上，我們可能認為居高位者特別容易罹患心理疾病。不過，萊比錫的精神病學教授黑格爾強調，倦怠症完全不是什麼「經理病」，最大的壓力並非來自於自我承擔的部分，而是來自於只能被人拖著走的感覺。

因此，最沒有話語權的人其實受害最深。那些覺得自己被老闆管得死死、吃得死死的人，那些有志難伸的人，那些對於物質損失無能為力的人，那些我們完全使不上力的狀況（無論是事實上或臆測上），正是後果最嚴重的壓力起因。

註——Whitehall Study。一項始於一九六七年的大規模研究計畫，旨在釐清身體健康與社會環境之間的關係。

雖然有這麼多讓人驚嚇的統計數字，不過有一點倒是可以確定：並非每個經受壓力、緊張和嚴重危機的人都會引發身體或心理方面的症狀。許多人在經歷過這一切後依舊安然無恙（參閱第一〇六頁）。他們的抵抗能力是你我可以學習的。

4. 自我測驗：我的壓力有多大？

每個人或多或少都會感受到壓力，然而實際情況到底有多嚴重？奧地利心理學家維納・史坦格——註也想知道這一點。他發展出一套測驗，可以為這個重要的問題提供具有說服力的解答。

現在先讓我們來進行一下壓力測驗。請回答以下四十道問題，請勿遺漏任何一題，否則測驗結果便會不準確。在回答每道問題時，請根據自己的現況來作答。

註 ——Werner Stangl；現為林茨大學（Universität Linz）心理學暨教育學研究所（Institut für Psychologie und Pädagogik）助理教授。他在個人網頁上還提供了針對自我意識、個性、願望、興趣、管理與學習類型等主題的其他測驗。網址：arbeitsblaetter.stangl-taller.at

		完全符合	部分符合	完全不符
1	你是否比自己的正常體重重了百分之十？			
2	你是否經常吃甜食？			
3	你是否吃很多富含脂肪的食物？			
4	你是否很少動？			
5	你是否每天抽超過五根香菸？			
6	你是否每天抽超過二十根香菸？			
7	你是否每天抽超過三十根香菸？			
8	你是否每天喝超過三杯濃咖啡？			
9	你是否睡得很少或很不好？			
10	你是否一早起來就感覺自己像被「殺死」？			
11	你是否服用鎮靜劑、安眠藥或精神病藥物？			
12	你是否容易發生頭痛？			
13	你是否對天氣很敏感？			
14	你是否容易胃痛、便秘或腹瀉？			
15	你是否容易心絞痛？			
16	你是否對噪音很敏感？			
17	你的靜止心率是否每分鐘超過八十下？			
18	你的雙手是否容易出汗？			
19	你是否容易激動、發狂、不安？			
20	你是否在內心裡排斥自己的工作？			

21	你是否不喜歡自己的上司？			
22	你是否對現狀感到不滿意？			
23	你是否很容易生氣？			
24	你的同事是否令你反感？			
25	你是否在工作上一絲不苟？			
26	你是否很有雄心壯志？			
27	你是否懷有某些恐懼或沉重的負擔？			
28	你是否容易失去耐性？			
29	你是否很難做決定？			
30	你是否會羨慕或嫉妒？			
31	你是否容易吃醋？			
32	你是否覺得工作是沉重的負擔？			
33	你是否經常處在時間壓力下？			
34	你是否懷有自卑感？			
35	你是否對他人抱持不信任的態度？			
36	你是否很少與他人接觸？			
37	你是否再也無法從日常生活裡的小事物獲得喜悅？			
38	你是否認為自己是個倒楣鬼或失敗者？			
39	你是否對未來（包括友情、家庭、工作等方面）感到害怕？			
40	你是否很難自我放鬆？			

自我評估

選擇「完全符合」得兩分，選擇「部分符合」得一分。請先將自己的得分加總起來，接著根據以下的評量說明表來評估自己的測驗結果：

得分	說明
最高19分	你目前不太有負擔，壓力狀態穩定。
20—26	你目前有少許的壓力負擔。儘管如此，你還是該認真探究一下個別的壓力成因。
27—33	你目前的壓力負擔普通。你應當試著規律且有系統地放鬆，並減少固有的壓力來源。
34—41	你目前有很大的壓力負擔。你急需有系統地放鬆，也應當試著將自己生活中的一部分負擔因素排除。
超過42	請停止目前的負擔。為長遠計，建議你改變自己的生活習慣。如果做不到，請尋求心理諮詢中心或醫師的協助。

PART

2

為什麼他們不會被輕易打倒？

尋找強韌人格特質之旅

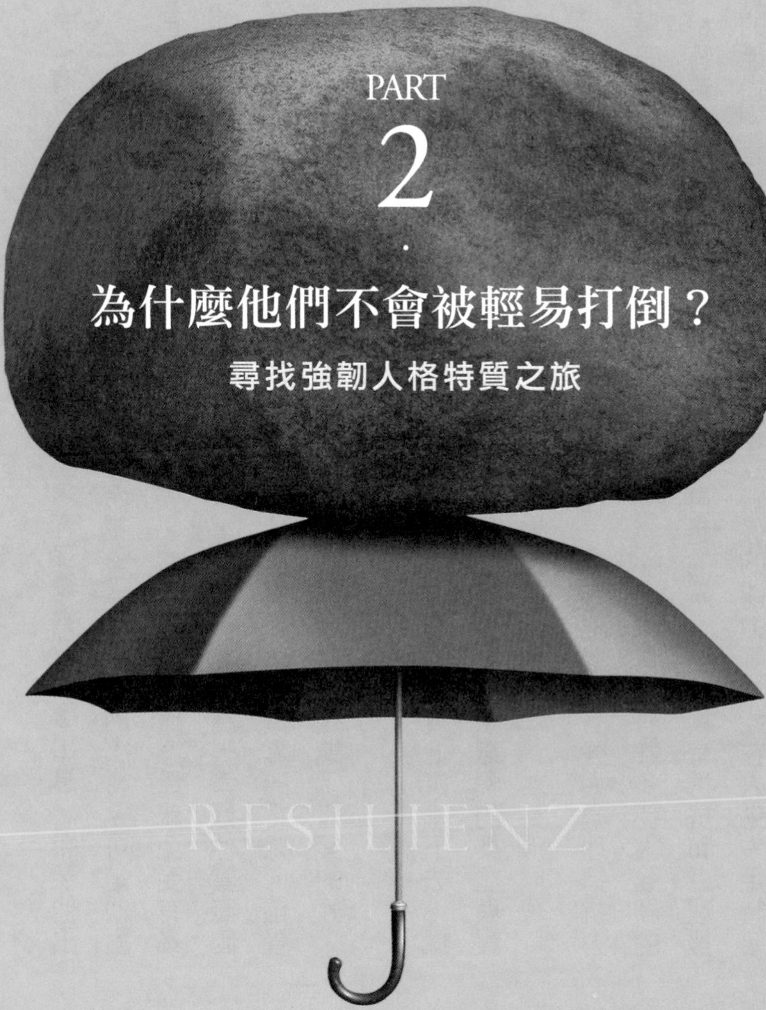

RESILIENZ

沒有人看好小威廉（William）長大之後會有什麼出息。雖然他出生在美國阿肯色州某個名為「希望」（Hope）的小村，可是他對自己的人生幾乎不抱任何希望。有一天，當威廉試圖保護母親免受有暴力傾向的繼父毒打時，他的繼父居然氣得朝他們倆開槍。幸好他當時因為酒醉失了準頭，可是牆上的彈孔卻為這起事件留下真實的紀錄。儘管如此，威廉（父母暱稱他為比利〔Billy〕）在十四歲時還是過繼了繼父的姓，日後以比爾．柯林頓這個名字揚名全球。

換作是另一個孩子，或許最終會在這樣的家庭裡就此沉淪下去。威廉不僅沒有，日後還當上美國總統。是什麼讓他抵擋了繼父的暴虐與輕蔑？是什麼讓他在可怕的少年時代裡變得堅強？

人們容易傾向於只從小威廉的個性，去尋找他擁有強大心理抵抗力的解答。像比爾．柯林頓這樣的「不倒翁」，確實擁有許多使人強韌的人格特質。如同那些遭逢厄運後東山再起的人，必然具有抵抗和處理挫折的能力。諸如智慧以及與他人建立關係的能力等，能在人生失足時給予我們保護，讓具有抵抗能力的人，較容易找到突破危機的出路，也較容易在困境中建構起支持者的網絡。再者，不拘泥於自己的習慣，以開放的態度迎向人生變局（甚或覺得變局具有某種特殊的吸引力），同樣也對抵抗能力很有助益。最後，樂觀與些許的幽默，也有助於在遭逢厄運後讓人重新見到曙光。

「韌性」並非只是特徵、特質或個性的集合，環境因素在培養心理抵抗力方面也扮演了某種角色。個性再怎麼強悍的人，也無法在一個完全不利的環境下生存；相反地，個性柔弱的人，反而可以在環境的驅使下讓自己變得強韌，最終比那些不知變通的人更有能力克服危機。

1. 關係，人生最強的保護傘

特別具有心理抵抗力的人，
多半也會特別容易感到
自己的周遭既溫暖又安全。
關係會讓人變得強韌，
而強韌也會幫人創造關係，
這是一種雙重獲利。

對於這些孩子來說，擁有美好、充實的人生，機會可說微乎其微。

一九五〇年代，由於受到外來政權的統治，夏威夷考艾島（**Kauai**，或譯可愛島）上的原住民，瀰漫著一片哀傷的氣氛（這種哀傷侵襲了許多較原始的部落民族）。當地景色宛如天堂，可是對許多孩子來說，生活卻彷彿煉獄。貧窮與酗酒在島上司空見慣，悲慘的人生早已深植於兩代人。島上貧窮的甘蔗雇農的子女往往不是被忽略，就是被虐待。他們父母的婚姻很少有完整的，金錢則總是短缺。沒有人相信，這些少男和少女將來會有什麼出息。

然而，後來發展卻十分出人意料。連續四十年，美國發展心理學家艾美・維納（Emmy Werner）連同加州大學的研究團隊，持續訪視考艾島上六九八名，於一九五五年出生於當地的少男和少女。其中二〇一人的成長環境特別嚴苛，例如早在幼兒期就已經歷過心靈受創、父母不是酗酒就是心理有問題、家庭長期不得安寧等。這些孩子特別吸引維納的注意。

其中一二九位孩子（約三分之二）一如預期未能走出困境，他們實現了所有人的負面預期，例如十歲大時便因學業或品行方面問題惹人側目，或者十八歲便開始犯法或罹患心理疾病。維納有興趣的，是那些在她之前很少有學者勇於觀察的人。

出人意料的三分之一

這位心理學家把研究重心擺在特別能承受壓力、且出人意料的三分之一，更確切來說，這七十二位年輕的夏威夷人，成功克服了困難的環境，在不被看好的社會預期下，過上了正直的生活。這些孩子從來不曾出現過行為不端。他們不僅在學校裡表現良好，與島上的社會生活有緊密連結，更為自己設定了切合實際的目標。到了四十歲時，這些人沒有一個是失業者，沒有一個有過犯罪紀錄，更沒有一個需要靠國家的救濟度日。每三個最被忽視的考艾島之子裡，就有一人成為自信、負責且有能力的成人。他們不僅在工作方面表現良好，更能妥善經營夫妻關係。

這個研究成果顛覆了以往的觀點：出身於這種惡劣條件下的孩子，幾乎無法逃脫災難性的命運。這位心理學家首次以科學方式揭示了，即便起始條件如此惡劣，某些人依然能夠克服人生的考驗。

維納對於哪些因素能夠在人生逆境中保護一個人深感興趣。她自問，到底是什麼保護了這些考艾島的孩子，讓他們免受墮落或心理問題的侵害？

治療教育學家米歇爾・芬格勒（Michael Fingerle）強調，這不僅僅是醫學與心理學的基本問題，也是教育學的基本問題。他表示：「長期以來，我們只關心為何人們會在人生中沉淪。對於所有教育而言，最根本的問題，是去探求如何才能獲得美好人生。」為此，學者們必須先定義，到底什麼才是美好人生？儘管維納的研究工作具有前瞻性，可是在這點上，她在所身處的那個時代卻只像個小孩。她從一九五八年便展開的研究裡，所謂的「美好人生」，主要還是取決於容易觀察到的成功等外部因素。

她調查了這些孩子在學業及職業上的學習情況，是否有過犯罪紀錄，還有婚姻能否長久。最後她還調查了這些年輕人是否罹患心理方面的疾病。

在芬格勒看來，這是一種過於保守、常規取向的人生觀。他批評道：「科學不應參雜個人的價值判斷在裡頭。」重要的應該是去探詢當事人，他們對自己是否滿意？因為人生牽涉到的，不僅僅只是固定的工作或育有兩名子女的婚姻。即使是陷於人生危機中的人，也會知曉如何才能讓自己的人生有意義，在什麼樣的狀態下自己與自己的存在才是幸福。

支持者扮演關鍵角色

不過，芬格勒對於這項具開創性的研究，仍給予高度肯定。他表示：「考艾島研究揭露了，人們在最困難的條件中還能保持健康態度的基本因素。」心理學家，同時也是犯罪學家的勒舍也抱持同樣看法。他特別感興趣的是，究竟是什麼因素讓生長環境較差的孩子，不致像家中其他成員那樣週期性地進出監獄？

勒舍認為：「『關係』是人生中最大的保護。」相較於日後與父母同樣沉淪的孩子，考艾島上那些強韌的孩子擁有一項其他孩子沒有的東西，那就是他們至少有一位支持者。這位支持者不僅關愛、照顧他們，回應他們的需求，為他們設限，還會為他們指引方向。

比爾．柯林頓幼年時期也有過這種關係親密的支持者。在母親嫁給那可怕的繼父之前，他在祖父母的疼愛下長大。他的母親雖然柔弱，也是他可以信賴的支持者之一。她憑藉自己僅有的力量支持他，還與他共同尋求脫離繼父這個暴君的方法。在這個過程中他學會了，自己能信賴的並非只有祖父母。

治療教育學家莫妮卡．舒曼（Monika Schumann）強調：「即使只有一條緊密的連結，還是足以勝過許多負面因素的影響，而這就是我們的教育機會。」

支持者並非一定是母親、父親、祖母或祖父。某位阿姨、老師或鄰居，同樣可以扮演這個角色。「重要的是，用平等的態度去對待孩子」，舒曼表示，「某人必須賦予孩子溫暖和安全的感覺、認同孩子的進步，擁有提攜孩子的能力，不按照成績和品行，給予孩子同樣的關愛。這些會讓一個人的生命變得強韌。」

考艾島上，取得正向發展的兒童，多半是家中的長子、長女，或是沒有什麼兒弟姊妹的孩子，這點並不令人意外。其中又以那些必須和兄弟姊妹分享父母關愛之前，自己已經滿兩歲的孩子狀況最佳。

「ㄎㄠ飼」寶寶 vs「得人疼」寶寶

愛是種禮物，可是兒童並非不勞而獲就能獲得這項禮物。瑞士心理學家暨婚姻治療師烏爾莉克．波斯特（Ulrike Borst）表示，韌性是種建立有助益的關係，並且從人或組織中獲取支持的能力。某些人不費吹灰之力便能做到這一點。那些以小太陽之姿誕生在世上，從而擄獲周遭人心的人，往往不必多做些什麼便能獲得他人的關愛。社會學家暨韌性專家卡蕾娜．列普特（Karena Leppert）表示：「具有友善、活潑、開朗等特質的孩子，很容易就能讓支持者喜歡他們，也較容易找到朋友或更多的支持者。」

考艾島的孩子們證明了這一點：某些寶寶比較不會因為自己麻煩的飲食或睡眠習慣，導致照顧者累到人仰馬翻。比起那些「ㄎㄠ飼」的寶寶，這些「得人疼」的寶寶比較容易在一到兩歲時，獲得父母或其他支持者的喜愛。在描述那些日後被歸類為成功、有韌性的孩子時，他們的母親多半都會說，這些孩子在一歲多時就表現出活潑、柔順與友善的傾向。到了他們兩歲多，無論是誰，都會附和以上說法，認為這些孩子當時的確可愛、快樂、友善、好奇且合群。此外，具有韌性的孩子顯然比其他同齡孩子更能融入社會化的遊戲裡。他們一方面願意對需要幫助的人伸出援手，另一方面在自己有需要時也會請求他人援助。

列普特解釋，這是一種兒童的秉性與支持者的敏感之間的交互作用。由於友善的特質可以確保他人的好感，這點會讓孩子在自己的人生中變得強韌。反過來，如果孩子表現出堅強、精力旺盛、積極、善於社交等特質，也會帶給父母或朋友正面的印象。簡言之，關係會讓人變得強韌，而強韌也會幫人創造關係，這是一種雙重獲利。

無論如何，結果就是，特別具有心理抵抗力的人，多半也會特別容易感到自己的周遭既溫暖又安全。如同第一部中未被烏托亞島慘案擊垮的維納斯蘭德，這樣的人也能輕鬆地融入團體裡，他們具有認真、負責、熱情、容易相處等特質，也多半個性外向，樂於接觸他人和新事物。萬一遇到危急情況，他們會有一個可靠的環境，可以從中尋求支持和建議，以具有建設性的方式將問題解決。

2. 開啟強韌的其他鑰匙

強韌的人在面對
自己的命運時不會怨天尤人，
他們願意接受現實，
及伴隨而來令人難受的情感。
他們不會將自己視為受害者，
而會將命運掌握在自己手中。

勒舍是在蘇姍娜十五歲大時初次見到她，並留下深刻印象。當時是一九九〇年代初期，勒舍還在畢勒菲爾德大學擔任教授。那時有許多心理學家和他一樣，開始將注意力從人的軟弱轉移到人的強韌上。他們想要了解人的潛能，想知道人們如何在不以自己的心理健康為代價的情況下，解決人生的重大難題。專家們認為，如果去研究曾經克服過特別重大的挑戰的人，應該最容易探究這件事。他們找到那些遭逢許多困境的青少年作為研究對象。人們最容易在社會邊緣找到這樣的對象；往往來自單親家庭，不容易維持穩定的教育，毒品和暴力對於這些青少年而言可說是家常便飯。

蘇姍娜正是具有這種背景，但不被這一切擊倒的小女生。她的童年充滿各種可怕故事的題材（或許只有在電影裡才看得到）。她的父親為了逃避自己的種種負擔，經常買醉度日；她的母親為了讓自己活下去，每天吞食許多不斷腐蝕自己心靈的藥物。

蘇姍娜五歲時，她的人生曾經短暫出現過一道曙光：她的父母離婚了。遺憾的是，她的母親很快又找到另一個男人。在接下來的歲月裡，母親一再遇人不淑，一再找到一些對待蘇姍娜不是壞、就是更壞的男人。她後來和一位讓自己懷了第三個孩子的男人結婚。無奈的是，這個男人並不是她無數情人中待她最好的一個，對蘇姍娜也不是。母女飽受這位繼父虐待。於是，蘇姍娜十二歲時開始酗酒。不過事後證明，這件事似乎並沒有那麼糟，這反倒讓她得以棲身於公家機構。蘇姍娜先是被警察收容，接著在青少年福利局的轉介下到了青少年之家，最後，她終於獲得人生中一個幸運的轉捩點：她遇到了日後的養母。蘇姍娜的養母與她關係很好，不僅理解她、關懷她，幫助她建立價值觀，還給予她種種支持。蘇姍娜戒了酒，也重回學校，並繼續升學，過著多采多姿的青少年生活。她結交許多新朋友，還培養了許多愛好。

蘇姍娜是勒舍所研究的一四六位出身於困境的青少年之一——註。其中八十位來自青少年之家的年輕人不但成為中輟生或吸毒，還到處逞兇鬥狠。

然而，也有將近一半的年輕人和蘇姍娜一樣，在沒有罹患心理疾病或出現行為問題下，將自己悲慘的童年拋諸腦後。考艾島的孩子中也有類似的高比例（約三分之一），具備足夠強韌的心理抵抗力，得以擺脫原本災難性的生長環境，進而活出自己的一片天。正如那些具有韌性的夏威夷孩子，這些具有處世能力的畢勒菲爾德青少年之所以特別，主要也是因為有個人在他們困難重重的原生家庭以外，以關愛的態度照顧他們。誠如蘇姍娜的養母，支持者會成為這些青少年的楷模，教導這些青少年在人生中應該盡可能遵守的一些規則。

註——這項於一九九〇年代進行的研究計畫名為「畢勒菲爾德不易受傷研究」（Bielefelder Invulnerabilitätsstudie），由佛里德里希．勒舍與朵莉斯．班德（Doris Bender）共同主持。

情緒穩定，心會更強大

學者們還發現讓年輕人得以擁有抵抗力，擺脫破碎生活環境的重要因素，其中最引人矚目的，莫過於這些強韌年輕人的情緒穩定。勒舍解釋：「相較於那些容易自暴自棄的青少年，像蘇姍娜這類具有韌性的年輕人，具有靈活卻不浮躁的秉性。」因為情緒不穩定的人，難以在遭逢困境或壓力時，以具有建設性的方式面對挑戰，找出最佳的出路。

勒舍表示，想要妥善處理厄運，就必須挺得過、尋找方向、翻轉人生、嘗試迄今未曾走過的路。正如第一部中的娜塔莎與那位幾乎全身癱瘓的男子一樣。為此，人們需要某種程度的挫折容忍度、活力及執行力。相反地，那些稍有不如意便深感挫折的人，沒有能量去對抗人生當中的逆境。

學者們發現，強韌的人在面對自己的命運時不會怨天尤人，他們願意接受現實，以及伴隨而來令人難受的情感。就像第一部中因人為疏失而痛失愛子的烏特做到的，或是如同朗尼克很快克服倦怠症再度重返足壇。列普特表示：「具有韌性的人不會將自己視為受害者，而會將命運掌握在自己手中。」

在蘇黎世主持「於幼兒時期提升教育與韌性」研究計畫的柯琳娜．伍斯特曼．塞勒（Corina Wustmann Seiler）強調，開朗格外重要，這不僅適用於成人，兒童身上也是如此。有別於逃避問題，考艾島上強韌的孩子會嘗試主動克服問題，並在過程中展現出部分的靈活性，「這些孩子在他們各自的處境中獨自負起責任，並且積極解決問題。他們不會坐待他人伸出援手或接手問題。」

根據其他研究顯示，融入社會的歸屬感、相信自己與自己行為的重要性（參閱第一〇〇頁）、相信存在某種更高的人生意義，這些都會讓人變得更強韌，更能妥善因應挑戰。我們一再見危機倖存者強調，他們的精神以及深信最終一切都會好轉的信念有多麼重要。

許多具有抵抗力的人同樣具備此種正面的人生觀。許多善於求生的人都堅信，他們會在克服困境中取得成功。他們相信自己的能力，也相信自己有機會最終掌握住局面。勒舍表示：「因此，他們比較不會將困境視為負擔，反而將之視為某種挑戰。」

在這當中，智能也是很有助益的。想要通過人生考驗的人，並非一定要聰明過人。不過如果有足夠的智能看清自己的處境，構思出可行選項，繼而按部就班落實，這將很有幫助。勒舍表示：「如果能夠擁有一定程度的智能，比較容易為自己的人生賦予一個新觀點。」同樣地，一個人的學習能力也有益於取得學位，這將為積極形塑自己的人生提供更好的機會。

勒舍表示：「還有另外一項因素也能使人強韌，那就是幽默。如果不把人生中的一切看得太過嚴肅，偶爾也能自我解嘲，就不會急於對命運發牢騷。不過，萬一讓人心靈受創的厄運是例如慘遭強暴這類事件，人們當然就無法幽默以對。」如果我們能以幽默、喜悅、樂觀的態度來面對日常生活中的逆境，正如從波美拉尼亞被驅逐至波蘭的艾爾文一貫保持的態度，我們會活得更健康。

韌性是與生俱來的人格特質嗎？

以上提及的韌性因素，近年來已不斷獲得證實。對於飽受內戰威脅的人、必須重新在社會上立足的更生人、必須在危險區域裡求生的人，以及身處富裕國家卻活在貧窮狀態裡的家庭、父母患有精神疾病的子女，或是必須克服離婚衝擊的人，這些因素也同樣重要。

列普特和其他社會學家認為，韌性是一件與人格有關的事，甚至於，韌性本身就是某種人格特質。然而，有愈來愈多學者卻堅信，除了人格特質以外，環境因素、教育氛圍、責任負擔以及歸屬感的取得，也都扮演了某種角色。其中，人格特質與環境因素無法簡單地一刀兩斷。因為一個孩子是否表現出熱心助人的態度或培養某些興趣，不單看孩子本身，還得視他身邊是否存在著某些榜樣。

塞勒強調：「如今的理論證實，韌性並不是與生俱來的人格特質。韌性的培養根植於某些特別能夠降低風險的因素，這些因素不僅存在於個人身上，也可能存在於生活環境裡。」她認為，精於求生，是一個人在自己人生發展過程中習得的能力。誠如考艾島的孩子與畢勒菲爾德的青少年，人們會憑藉自己的資質及其他（例如教會或學校）幫助，去建構足以抵擋不利條件的防護牆。人們會去適應突如其來的壓力狀況，如同生活在戰區裡的人；人們也會去克服某些心靈創傷，像差點因為車禍喪生的人。勒舍表示，韌性會帶給我們保護、修復甚或再生。

只是，所有特質（目前研究指出強韌的人特別具有的秉賦）與環境影響（那些強韌的人所利用的環境因素）都不是不可或缺的。勒舍表示：「這些因素有助於克服人生的困境。」沒有人具備所有因素，而這些因素也不是絕對不可少。

3. 相信自己，可以讓你更有韌性

在許多情況裡，
與挑戰周旋並非只取決於
驅動力的過量或不足。
那些敢於做點什麼的人，
多半具有一種重要的特質，
那就是他們相信自己。

這隻蒼蠅學得很快。在牠身處的可怕環境裡，牠其實做不了什麼。儘管如此，牠還是用盡所有能力，避免高溫傷及自己的翅膀。

位於烏茲堡的馬丁．海森伯格實驗室，科學家利用靈巧的手指，將這隻僅有二．五公分長的昆蟲騰空固定在兩段金屬絲中間。這隻果蠅飄浮在虛擬實境裡，LED螢幕以一個完全不存在的環境來欺騙牠。透過金屬絲感應器可以得知，這隻小動物在這個人造世界裡做了些什麼。事實上，牠什麼也做不了，因為除了稍微往左或往右翻轉，這隻被固定住的蒼蠅並沒有其他選擇。

然而，這唯一的選擇對牠來說極其重要。每回當牠向右翻轉，牠便感受到難以承受的高溫，這隻蒼蠅很快便學會了向左飛比較安全。不久之後，這隻蒼蠅便完全只會向左飛。即使研究人員早已停止熱衝擊，過了很長一段時間後，牠才開始慢慢與右邊的世界有所接觸。

這是個奇特的實驗，並非只對於這隻蒼蠅，這隻小昆蟲也為心理學研究做出相當大的貢獻。並非只有遺傳學家與發展生物學家會去研究那些看似沒有心靈的生物，心理學家也對牠們興致勃勃。

失去動力的蒼蠅

馬丁．海森伯格（Martin Heisenberg）認為，即使是大腦十分微小的果蠅，也能透露許多與心靈有關的事。牠甚至可以幫助我們理解某些複雜行為（如為何人們會變得麻木不仁，或是在看似毫無希望的情況下找到一條新出路）背後的因素。有時，就連蒼蠅也會自暴自棄。例如，當海森伯格讓牠受了太多挫折，牠會變得毫無動力，彷彿喪失了生存的勇氣。很像當人們覺得自己成為命運的玩物，自己的所有決定完全無法影響命運發展時。

為了讓我們看到這一點，海森伯格將一些蒼蠅關在一個底部偶爾會變得過熱的小箱子裡。如果這些小昆蟲不會害怕地靜止不動，而是繼續爬來爬去，底部很快就會再度冷卻下來。相反地，另外還有一群蒼蠅，無論牠們做什麼，都無法改變底部的高溫。這在第二組蒼蠅身上（被奴役、被壓迫的樣本）造成決定性的影響。在一項後續實驗裡，這群被奴役了的蒼蠅再也不浪費力氣逃避高溫，就這樣毫無作為地待在小箱子裡。事實上，此時蒼蠅只要願意走到較為涼爽舒適的另一邊，就能躲避高溫。不過牠們並不曉得，而且也不再抱持任何希望。很顯然，牠們認為自己的處境毫無指望，於是失去所有改善自己處境的動力。

「習得的無助」

這群昆蟲就好比被痛電的狗。事實上，海森伯格的蒼蠅實驗正是以一九六〇年代的狗實驗為藍本。當時心理學家馬汀．塞利格曼（Martin Seligman）與史蒂芬・麥爾（Steven Maier）曾以電擊來對狗進行實驗。同樣地，在第一階段裡，那些受試的狗也曾試圖躲避電擊，可是一切努力都無法改變自己的命運。於是到了第二階段，牠們什麼也不做了，只是麻木地待在籠子裡。從那時起，心理學家便稱這種現象為「習得的無助」（現在被認為是憂鬱症的類型之一）。它幫助我們探索了不同程度的（人類特有的）心理抵抗力。因為在這些實驗裡，總會一再出現某些學不乖的個體，牠們會不斷奮鬥。

那些嚴重失去動力的蒼蠅是否真與某種憂鬱症有關？海森伯格觀察到，蒼蠅在經歷絕望的處境之後，普遍會比先前更少爬行，而且速度更慢。他表示：「我們還不曉得，這些小昆蟲是否也會比較沒有『性趣』。」值得注意的是，雌蠅往往比雄蠅更容易受到「習得的無助」影響，同樣的情形也出現在人類罹患憂鬱症的狀況，且這兩種情況極為相似，因為蒼蠅也能藉由精神病藥物獲得治療。借助幾微克的抗憂鬱劑citalopram、些許的5-HTP或是「百憂解」，便可幫助這些小昆蟲改善狀況。牠們的抑鬱好像蒸發了，又會和那些不帶成見的同類一樣再次成功地躲避高溫。

如同蒼蠅，人類也會透過成功與失敗來學習。然而，為了保護那些帶有學習策略的生物，大自然會賦予牠們一套程式，讓牠們在到達某個臨界點時便自動放棄。海森伯格表示：「如果人們是藉由嘗試在生命中取得發展，那麼就需要一個緊急開關，制止他們無止無盡地嘗試下去。」緊急開關可以救人，卻也會帶來危險。海森伯格認為：「這或許就是憂鬱症的基礎。」

不過，緊急關閉機制的標準在每個人身上不盡相同。某些人一旦達不到自己的期望，很快便會放棄。相反地，某些人則擁有足夠的希望、勇氣與挫折容忍度，在終於獲得成功或必須面對失敗之前，多次重新嘗試，追求自己的幸福。人們有時會根據這些努力的結局，來判定這些人聰明與否。

「期待自己能夠解決問題」的信念

勇於挑戰周旋並非只取決於驅動力的過量或不足。那些敢於做點什麼的人，多半具有一種重要的特質，就是他們相信自己。這些人在人生早期便學會了心理學家所謂的「自我效能感」（self-efficacy）：確信自己有能力針對性地去影響這個世界。相對於那些麻木不仁的人、狗或蒼蠅，他們堅信，希望是存在的，憑藉自己的力量，可以讓事情的發展如自己所願。歐巴馬的名言「是的，我們可以！」（Yes We Can）便是自我效能感的一種口號。

這樣的信念究竟對人有多大的幫助，從「畢勒菲爾德不易受傷研究」便可看出。相較於出身於困境而在日後沉淪的青少年，出身困境卻依然能掌握自己人生的青少年，不僅較少感到無助，而且也對自己的能力較有信心。

在考艾島的孩子身上也可見到類似情況。教育學家塞勒表示：「那些具有韌性的孩子到了約莫十歲便會開始相信，憑著自己的行為確實可以完成某些事情。而不期待靠自己的力量就能完成某些事情的人，根本不會想嘗試改變或冒點風險。他們頂多只會選擇逃避，或是從負面的角度來看待自己。」「期待自己能夠解決問題」的信念，會在克服困境的過程中發揮助益，實際解決問題。這樣的期待會讓人變得強韌。

兒童在很小的時候便能學到，自己是否有能力促成些什麼事。當一個嬰兒哭著要媽媽，接著媽媽果真過來將他抱起並且安撫他，這個嬰兒就會曉得：「我是誰，而且我能夠做些什麼。」相反地，如果兒童在十分年幼時便經驗到，自己與自己的需求被漠視、自己的願望總是受到干擾、自己的想法毫無用處，未來便幾乎無法發展出自我效能感。這樣的兒童會缺乏克服問題的信心。遇上困境，多半不會設法尋找出路，反而陷入手足無措。無可避免地，這樣的兒童無法取得解決問題的能力。

考艾島的情況同樣符合上述觀察。那些從小開始就必須擔負責任的人，會變得特別具有抵抗力。由於雙親患病或必須工作，他們不得不照顧弟妹、操持家務或履行某些社群當中的義務。其中，某些特別具有韌性的孩子甚至必須去賺錢，藉以維持一家大小溫飽。塞勒表示：「這種提早承擔責任的情況，顯然有益於培養自我效能感及毅力。這些孩子很早就體驗到，他們可以憑藉自己完成某些事情，並取得他人的認可，無論是照顧弟妹，或是一再為自己的足球隊破門建功。」

自我效能感會進一步發展出自信，這也是韌性的另一重要條件。積極面對挑戰，與勇氣及自信有關。低度自信隱藏著憂鬱症與失去動力的風險，具備一定程度的自我價值感能夠促使人有所作為，有益於克服失敗與嚴重的人生逆境，不過治療教育學家芬格勒也警告：「過度的自信有可能變成自戀。」反而會導致自我價值感的不穩定。因為對於自戀者來說，每個小小的委屈幾乎都代表著世界末日。芬格勒認為，高度的自信可能導致傲慢。如果太過高估自己，不僅容易做出錯誤的決定，更容易誤以為某些困難不可能給自己帶來損害。如此一來，嚴重的失敗可說是無可避免。

事涉克服困境時，不切實際的幻想與錯誤評估同樣不利。勒舍曾在一項研究中詢問過許多受刑人的妻子，對於丈夫重獲自由後的日子有何期待？他解釋：「不抱持不切實際的幻想，且曉得丈夫出獄後會有更多困難等著她們的妻子，日後明顯較有能力克服各種困境。」

韌性是種動態的能力

知道何時值得奮鬥，這點很重要。成功與失敗的鬥士、無助與聰明的放棄者，最主要的差異就在於此。有自知之明並且曉得自己能夠克服某些困境的人，具有明顯優勢。

列普特表示：「韌性是種動態的能力。」它可以幫助人們依據各種不同的挑戰或負擔，控制及調整自己的心態。具有韌性的人不一定曉得自己該如何克服某種困境，不過他們掌握了許多認知的、情緒的與社會的行為方式，藉以讓自己去適應困境，並且在困境中保持正常運行。「人們可以學會依靠這樣的能力，例如自發地遵循這樣的座右銘：『我知道自己能做些什麼與不能做些什麼；我知道自己會重新振作起來。』」

蘇格蘭社工教授布莉姬．丹尼爾（Brigid Daniel）將韌性的三大基石總結為：我「有」、我「是」、我「能」。我「有」喜歡我、幫助我的人。我「是」討人喜歡、尊敬自己與他人的人。我「能」自我控制、解決問題、找到出路。

擁有自知之明則是另一基石，那就是：能夠誠實面對自己。這樣的人在尋找工作或人生伴侶時，會根據自己的標準、需求和喜好，而不會根據他人的標準（例如要有黑色大禮車或白色醫師袍等）。治療教育學家舒曼表示：「如此一來，工作與婚姻就會是能量補給站，而非讓人持續耗費心力的地方。」

人格心理學家彥斯．阿森多夫（Jens Asendorpf）表示：「光憑『我辦得到這件事』的信念，往往就能幫助我們達標。」信念足以助人解決堆積如山的問題。它涉及到了詮釋。那些確信自己有本事排除萬難的人，面臨壓力或麻煩時，比較不會像一開始就投降的人，把困境視為沉重的負擔。意志堅定的人甚至還會把困境當成挑戰，他們往往期待，克服挑戰後能夠再次獲得勝利的快感。「人們如何看待壓力，很大程度取決於個人主觀的認知。對於將壓力視為挑戰的人，壓力會突然變得再也不是負面的。」而只有低度自我效能感的人，一開始就將壓力視為負面。健康心理學家拉爾夫・施瓦澤（Ralf Schwarzer）認為：「如此一來，一項挑戰便會轉變成強大的威脅，繼而讓人產生失控的感覺。」此外，這樣的人往往會將失敗歸咎於自己，又會進一步強化他們的負面想法，陷入一種「惡性循環」。

有時這會帶來令人訝異的影響。例如某些研究結果顯示，同齡的老年人中，相較於一天到晚擔心自己腦力退化的人，樂觀相信自己能維持認知能力的老年人記憶力的確比較好。

施瓦澤確信：「具有較高自我效能感的人會表現出較大的耐力與毅力。」萬一事情失敗了，他們多半會歸咎於外部的原因，較少歸咎自己。如此一來，便無損於他們的自我價值感。較不具備自我效能感的人，則容易覺得失敗證實了他們對自己的負面看法，還會更進一步削弱他們的自我效能感，他們所剩不多的動力也會遭到池魚之殃。在惡性循環下，到頭來，成績與滿意度將無可避免地往下降。

4. 有韌性，不代表心不會受傷

強韌的心靈也可能會受傷。
然而，那些具有抵抗力的人，
並不會被囚禁在挫折或哀傷中。
他們不會一直在那裡
無病呻吟，
而會很快地再度站起來。

情況很嚴重，不過他曉得，自己可以渡過難關。

像狄克這樣的警察很能吃苦耐勞，否則他們根本不會去當警察。然而，二〇〇一年九月十一日這天，狄克也面臨到自己的極限。如同他的許多同事，當時三十六歲的狄克也是發生恐怖攻擊後，第一批趕赴紐約世界貿易中心的警員，看到許多人如何跳出正在燃燒且傾倒的大樓。一片混亂之中，他們努力搜尋倖存者並且幫助他們逃生。遺憾的是，重重廢墟底下，他們發現到的就只有一具具的遺骸。舉目所及，到處都是屍塊。狄克聽見許多生還者的慘叫聲，看見他們恐懼或失魂落魄的臉。有的女性被塵埃弄得灰頭土臉，有的男性不停地哭泣，有的小朋友則以他前所未聞的聲調哀嚎。他心知肚明，這一大堆廢墟底下只會找到更多的屍塊與屍體。儘管如此，他還是拚了命往下挖。

恐怖的九一一事件過後，由於初期難以平復的哀傷，狄克去看了精神科醫師。那段期間，每天早晨醒來，狄克的第一個感覺就是哀傷。他不是很明白為何如此。這並不是因為人們的恐怖遭遇，不是因為那些痛苦、扭曲的臉孔，也不是因為每天在媒體上所見所聞的鰥夫、寡婦的故事（他知道，即使自己奮不顧身地投入救災，也無法阻止這樣的悲劇）。那是由內心而發，一股深沉的哀傷。心理醫生表示，這應該是狄克經歷的恐怖處境帶來的後果。不過醫生也說，雖然狄克的狀況挺嚴重的，不過他一定可以克服這個難關，因為基本上他還是自信而平和。這顯然是個好現象。

十年之後，狄克果真又回復成恐怖攻擊之前的那個狄克。也許十年後的他比從前多了些許敏感，也許十年後的他對人生有不一樣的想法，也許如今在值勤時遇到的一些場面，會讓他回想起九一一當天的某些情景。然而，它們再也不會像事件發生後的頭幾年那樣，一回想，就引發無比的恐慌和哀傷。

後來狄克充滿自信地解釋：「我知道，這一切都會過去。」他從來沒有想過，自己居然真的會精神崩潰，居然真的得去看心理醫生，更萬萬沒有料到，是因為工作的遭遇。雖然這曾經短暫困擾他，不過狄克終究還是一個具有韌性的人，是位不服輸的鬥士。在遭受沉重打擊後，他沒有就此癱下，而是捲起袖子繼續奮鬥。

會受傷，但不會被擊垮

阿森多夫強調：「韌性並非代表永遠持盈保泰。」即使是強韌的心靈也可能會受傷，有些人會因為自己的體驗很受傷，有些人則可能會與自己的命運發生齟齬。然而，具有抵抗力的人並不會被囚禁在挫折、哀傷或驚恐當中。他們不會一直無病呻吟，會很快地再度站起來。具有韌性的人不會被嚴重的厄運毀滅，在越過了流淌著眼淚的山谷後，他們又會再度登上微笑的山巔。

專家學者曾經認為，具有韌性的人完全不會受傷。這個觀念是承襲自韌性領域的研究先驅之一，美國心理學家諾爾曼．加米澤（Norman Garmezy）。由於深受對於強韌者所做的研究鼓舞，他很樂於將這些人英雄化，後來的學者也繼受了這樣的觀念。心理學家勒舍解釋：「我們也是先從強韌者不會受傷這個觀點出發，在研究出身於困境的青少年時，才會將之命名為『畢勒菲爾德不易受傷研究』。」如今，勒舍寧可將這項研究更名為「畢勒菲爾德韌性研究」。

在學術圈裡，不會受傷這種理想的概念愈來愈受到批評。一九九八年，芝加哥臨床心理學家芙若瑪．華許（Froma Walsh）便曾批評，不會受傷的觀念或許可以回溯到某種男性的「不沾鍋自我」幻想，或美國的超人思潮。之後有愈來愈多研究顯示，具有韌性的人，也會經歷懷疑或絕望的時期。

已故的瑞士心理治療師魏爾特—恩德林（Rosmarie Welter-Enderlin）曾強調：「沒有人是不會受傷或對命運免疫。所謂的『韌性』，是指憑藉個人與社會的資源，將生命週期裡的危機化為轉機的能力。」

華許補充，具有韌性也不代表安然無恙、完全不變地回復原本的狀態。它意味著成功克服不利的條件，從困境中學習，進而嘗試將這些經驗與自己的人生織錦融為一體。具有韌性的人也會受傷，只不過，他們比較迅速地讓自己痊癒，並且不會留下太大的傷疤。不會受傷？「不，」如今就連維納也這麼形容考艾島的孩子們，「他們的確會受傷，可是卻不會被擊垮。」

健康心理學家施瓦澤表示：「基本上，我們應當將『心理的穩固性』改稱為『心理的靈活性』。」有時具有韌性的人也會為困境所苦，也會趴倒在地。不過最終他們還是會重獲新生的力量。

強韌之人較容易從負面經歷中復原

施瓦澤曾經特別針對類似狄克的紐約市員警（亦即在恐怖攻擊後前往世貿大樓救援的警察）進行與心理抵抗力有關的研究。有將近三千名員警同意將個人健康資料儲存於「世界貿易中心健康狀況登記系統」，讓施瓦澤與同事蘿絲瑪莉．波勒（Rosemarie Bowler）可藉此來評估。令人讚嘆的是，許多員警曾經深為九一一所苦，然而絕大多數人還是健康走出來了。

接受研究的二五二七位男性員警及四一三位女性員警中，僅有七．八％的員警在事件後的兩到三年內罹患了PTSD（創傷後壓力症候群）。其中，女性員警的罹患率是男性員警的兩倍。不過男性員警在事件經過了五、六年後，罹患PTSD的比例卻暴增到十六．五％，此時男女兩性的罹患比例則大致相同。施瓦澤表示：

「PTSD通常會遞延發生，尤其在男性身上。」。

施瓦澤的研究證實了，縱使人們起初可以妥善面對創傷性的經歷，但數年之後還是有可能將人們擊垮。很有可能，某個人原先確實十分妥善處理好了當時的衝擊，只不過，他只是處在所謂的「準安定狀態」。施瓦澤表示：「萬一他人生中接著又出現某種負擔，創傷便會突然浮現。」這當中存在許多風險因素，例如某人可能因為某項困難的經歷導致身體長期受到影響，或者某人可能因為不願再次陷入同樣狀況而辭去原本的工作。

然而，超過八〇%的紐約市警員長期下來都未曾罹患PTSD。施瓦澤強調，在他們之中完全不為恐怖經歷所動的比例特別高。換言之，相較於一般民眾，警察這個族群裡顯然有更多具有韌性的人。他們防禦重大災難的抵抗力或許並非單純出於自身，也有可能是受到外部因素的影響。「這些警員顯然不是一般人。他們之所以能夠如此從容地走出困境，可能是因為在養成過程中，曾經受過為這類極端事件預做準備的訓練。」

不過許多研究結果顯示，在一般人當中，嚴重不幸造成明顯心靈創傷的比例，其實也沒有特別高。臨床心理學家喬治．伯納諾（George Bonanno）表示：「人們可能會以恐懼、哀傷、憂鬱、自殺念頭甚或突然開始使用藥物等方式對災難做出反應。不過，當事人出現真正嚴重心靈受創的比例，很少超過三〇%。」

韌性也會帶來身體療癒力

心理的負擔也可能引發身體方面的疾病。施瓦澤表示：「心理的強韌對於健康有明顯影響，不只是PTSD的發生，也會影響其他精神現象。」這一點以十分引人入勝的方式，表現在需要施行心臟繞道手術的患者身上。

手術之前，施瓦澤與團隊先以問卷，確認患者本身具有多大的自我效能感。此外，患者的社會融合程度也被當成韌性的考量指標之一，如患者的社會網絡裡大約有多少人、擁有多少朋友、在自己的社會網絡中獲得多少安全感？

研究結果清楚顯示，在這些心臟病患者當中，具有韌性的人明顯妥善地挺過了手術。完成繞道手術一星期後，相較於自我效能感與安全感較低的患者，具有韌性者較少出現病徵，復原情況明顯較佳，不僅已經可以在房間裡走動，整體看來也較為生氣蓬勃。半年之後，韌性又再度展現了它的療癒力。對自己充滿自信的患者，許多人此時已經做好渡假規劃。他們有的平日會在住家或花園裡從事一些勞務，至於重新回到職場工作的也不在少數。

列普特的同事也曾針對接受過放射線治療的癌症患者進行研究，探究他們多常感受到強烈的精疲力竭之苦，得出類似結論。「疲倦」症狀經常出現在癌症患者身上，它們有時是對於疾病的心理反應，有時則由化療或放療而引發。參與研究的一百多位癌症患者顯示出，具有韌性的患者明顯比意志不堅定的患者，較少深受疲倦所苦。

心理抵抗力也會表現在人們如何與慢性疾病周旋，例如糖尿病。糖尿病目前已不是具有嚴重生命威脅的疾病，如果患者能夠正常作息、規律服藥，病情一般都可以獲得良好控制，進一步降低造成眼睛或腎臟方面後遺症的機率。不過，糖尿病仍會對患者的日常生活明顯干擾。患者不僅無法盡情飲食，還必須規律地服用藥物。

社會學家列普特的研究明白顯示，根據心理測驗顯示，特別具有韌性的糖尿病患者，擁有相對較高的生活品質。列普特解釋：「這些人會表示：『罹患這種病的確讓生活變得很辛苦，不過我會克服！』」他們日後明顯比較不具韌性的患者自我感覺良好。

不過在醫師眼中，具有韌性的糖尿病患者身體並不必然比較健康。列普特強調：「這種感覺並不一定反映出客觀的生理狀態。不過就主觀而言，他們比較不具韌性的患者更能克服病症。」他們可以妥善地照顧自己，比較不需要醫師的監督與叮嚀。

近來，施瓦澤研究發現，自我效能感甚至可以在生理上測量出來。在充滿挑戰的情況裡，自我效能感會對血壓、心跳與腎上腺素分泌產生影響。這種情況可以轉化為實際的療效。有項研究顯示，如果藉由治療強化了風濕性關節炎患者的自信心，他們不僅比較不會疼痛，且較能妥善地應付日常生活。

施瓦澤認為，除了自我效能感以外，顯著的樂觀態度，最能對疾病的療癒與個人健康發揮正面影響。「這與樂觀能降低焦慮有關，因為焦慮會影響一個人抱怨的程度及克服問題的能力。」

什麼讓人強韌，什麼使人軟弱

為了了解哪些具體因素讓心理強韌的人有別於一般人，學者們借助許多所費不背的研究進行探索，人們也愈來愈了解強韌者的特質，以下將各種會讓人心理抵抗力明顯增強或減弱的因素臚列出來。我們可以看出，哪些因素可以幫助我們克服危機（改編自佛里德里希・勒舍的列表）。

（＋）＝**增強心理抵抗力**　（－）＝**減弱心理抵抗力**

秉性

＋幽默感
＋靈活性
＋情緒穩定
＋容忍挫折
＋執行力
＋毅力
＋活力

＋樂觀
＋擁有嗜好
－衝動

認知能力——

＋學業成績優良
＋具備特殊才能
＋切合實際的計畫／前瞻
＋實行的動機
＋聰明

自我體驗——

＋自我效能感
＋自信
－無助

因應之道——

＋積極地解決問題
＋保持距離的能力
－對問題做出被動的、具有暴力傾向的反應

社會關係——

＋核心家庭以外的支持者
＋與教養者的良好關係
＋可以伸出援手的兄弟姊妹
＋與學校的良好關係
＋對於人生意義有所體會
＋宗教信仰／心靈寄託
＋對於所得到的幫助感到滿意
＋正面的社會行為

+ 高度的語言能力

教養氛圍——

+ 溫暖的，容易讓人接受的
+ 控制的，標準取向的
+ 適度的要求與責任

5.壓抑是允許的

我們必須分辨清楚，
究竟人們是試圖
忽略日常生活中的情緒，
抑或是要忘卻那些創傷的細節。
有時，壓抑者甚至
特別具有韌性。

佛洛伊德會對「韌性」說些什麼呢？能在最短時間內將危機束之高閣並勇於重新出發的強韌者，顯然與他的理論背道而馳。這位「心理分析學」的奠基者曾經一再強調，失去心愛的人或事物（例如工作或熟悉的生活環境）後，哀傷不但是正常的，而且極為重要。無法釐清自己的空虛感、失落感與離別感的人，也就是壓抑這些感覺的人，精神上會有陷於病態的危險。佛洛伊德曾警告世人，諸如「恐懼症」、「精神官能症」以及他所謂的「防禦性歇斯底里」也有可能在日後導致身體疾病。

自從佛洛伊德在十九世紀末創造了「壓抑」這個概念後，心理學家與精神病學家對這個概念的價值爭論不休。長久以來，壓抑一詞早已為一般民眾琅琅上口，人們也相信這與疾病的發生有直接關聯，不過目前科學上尚無任何證據能夠證實此點。根據佛洛伊德的說法，壓抑終歸是某種自然的過程，遇到痛苦或可怕的經驗時，人們便會去使用。

壓抑與遺忘之間的界線到底在哪？什麼是健康的、什麼又是不健康的？不久前，耶拿大學的心理學家克莉絲汀．米特（Kristin Mitte）與馬爾庫斯．蒙德（Marcus Mund）做了一項有趣實驗，打算以科學資料來鞏固「壓抑致病」的論點。

壓抑真會致病嗎？

米特與蒙德從世界各大學的資料庫裡，找到了近七千位參與者在內的二十二份相關研究。這些研究中，各地學者分別針對某一批受試者，研究他們身上的疾病及壓抑的情況，包括氣喘、心血管疾病、糖尿病、癌症等。分析過大量數據資料後，他們得出的結論是：壓抑與疾病的發生，確實存在著關聯性。尤其是喜歡壓抑的人，往往有高血壓的傾向。心理學家稱這樣的人為「represser」（壓抑者）；這個詞是從英文的「repression」（意即「壓抑」）而來。蒙德表示：「每個人三不五時都會壓制一下令人不悅的情感。」這是一種普遍的、完全正常的防衛機制。然而在壓抑者身上，「這樣的防衛卻根植於個性。」

許多壓抑者骨子裡是焦慮的，儘管他們對外宣稱自己不太會焦慮。他們既不想聽負面消息，更不想去探究。蒙德解釋：「如果將壓抑者置於會讓心理產生壓力的狀態下，很容易就出現如出汗或脈搏加速等焦慮反應。」這可能會在高血壓裡表現出來。究竟高血壓是這種特殊心理結構的結果，抑或只是偶然伴隨這種特殊心理結構一起出現，仍未能獲得證明。無論如何，長期的高血壓確實會引發如心血管疾病、腎臟及眼睛損傷等嚴重後遺症。因此，壓抑在某些情況下的確會致病。

不過，也有人提出，癌症的形成與受壓抑的情感之間並沒有關聯。「會造成或促使惡性腫瘤增生的『癌症性格』」，這種概念完全沒有任何根據。身兼內科醫師、腫瘤科醫師及心身醫學家的赫伯．卡袍夫（Herbert Kappauf）一再強調：「『罹癌是因患者自身性格而咎由自取』，這種觀點應該送進醫學史的垃圾堆。」

根據米特與蒙德的分析結果，實情應該是倒過來才對：並非在癌症確診前，而是在癌症確診後，人們才會有壓抑的傾向。也就是，患者並非因本身是壓抑者而罹癌，不過罹癌顯然會改變患者面對負面消息的態度。某些患者不願承認自己罹患致命疾病的事實，另有一些患者則試圖不給恐懼或哀傷空間，去遏止這些令人不快的情感。還有一些患者則會將罹病後帶來的嚴重不安，統統拋諸腦後。

情緒的壓抑並非一定是壞事。蒙德表示，在接受化療時，相較於以十分情緒化的方式看待自身病痛的人，壓抑者較少感受到化療之苦。因為壓抑者具有高度的控制需求（包括控制自己的病情、焦慮與生活等），他們比較有紀律，比較願意過一種盡可能不讓病情惡化的生活。

樂觀者也會壓抑負面情緒

有時，就連樂觀的人也傾向於將負面資訊擱在一旁。不久之前，英國與德國的神經科學家曾利用「功能性核磁共振造影」觀察受試者大腦中的變化。受試者被置於狹窄的儀器孔道時，必須評估自己人生中發生各種令人不快的事情機率有多高。例如罹患腸癌的機率有多高、遭受雷擊的機率又有多高等等。受試者做完評估之後，會被告知真實統計出的機率。

第二階段裡，出現了令人訝異的效應：受試者會修正自己原本的評估，可是只會下修，卻不會上修。當被問及某種更大的實際危險時，他們會視若無睹。唯有對於較小的實際危險，他們才會將其納入個人的風險評估。參與研究的其中一位科學家塔莉・夏洛特（Tali Sharot）表示，在非常樂觀的人身上，負責粉紅眼鏡效應的大腦區域特別活躍，「我們會從接收的資訊裡挑出自己想要聽的。如果我們愈樂觀，就愈不允許那些與自身未來有關的負面資訊影響我們。」

近年來，其他專業領域的心理學家（例如創傷研究）也證實了，壓抑可以是有益的。在過去，一旦發生重大意外事件、銀行搶劫或恐怖攻擊，醫療與心靈治療團隊便會立刻趕赴現場，敦促被捲入不幸事件的人談談自己的可怕經歷，要求這些人鉅細靡遺地回想一下自己的體驗，進而好好加以處理；精神分析的其中一部分也是在做類似的負面事件處理。近年來，心理學家卻發現，這種經常在事故現場見到的「事後解說」只對少數人有益，對大多數人反而可能有害。諸如恐懼與痛苦等持續性的創傷後遺症，有時可能會因強迫面對而引發。

近來人們已逐漸改採冷處理的方式，只有自己願意陳述的人，才讓他們暢所欲言。二〇〇四年南亞大海嘯後，世界衛生組織曾明白提出警告，災難的受害者也可能受到「事後解說」的「侵襲」。

許多當事人都選擇保持沉默，寧可先靠自己去處理所遭遇的可怕經歷，或許日後有必要時再去求助心理醫師。不過，許多人根本就不需要心理醫師的協助，自我療癒力往往會自動發揮效果。此外，社會網絡也會從旁提供足夠的協助。心靈創傷專家格奧爾格．比柏（Georg Pieper）表示，如果有人在歷經心靈創傷後不久便來求診，他會建議對方，不妨先等兩個月再說。比柏目前是「歐洲心理學家協會聯合會」所屬「災難與危機工作隊」的一員。他在該會致力於提升災難受害者的照顧品質，避免日後再度發生諸如強迫「事後解說」之類的錯誤。比柏表示，處理某個可怕經歷的正確與否，必須視不同的個性與創傷而定。

到底是忽略，還是遺忘？

近幾年來，荷蘭心理學家貝爾特．加森（Bert Garssen）便認為，應當對「壓抑」這個概念做更精準的定義。我們確實必須分辨清楚，究竟人們是試圖忽略日常生活中的情緒，抑或是要忘卻創傷事件的細節（例如，遭到強暴過程中到底發生什麼事，或是當敵方士兵入侵家中並對自己的生命帶來威脅，這時自己有何感受）。

有時，壓抑者甚至特別具有韌性。列普特表示，處於可怕的狀況裡，壓抑負面的情緒與資訊，或許正是最正確的策略。長期普遍抱持鴕鳥心態的確有害，不過偶爾針對性地來點壓抑，不僅很有意義，而且還是很重要的保護機制，因為這樣的舉措有益於生存。可以在深度哀傷階段立即忘卻痛苦，並且再度展望未來的人，很快就能克服哀傷。美國哀傷專家伯納諾針對喪偶多年的老年人所做的一項研究證實了，儘管痛失配偶，那些專注於人生中正面事物的人，只會出現較為短暫且溫和的哀傷症狀。雖然他們也會哭泣、流淚，可是很快就能重拾正常的日常生活，並開展出新的人生視野。

列普特表示：「擁有良好的防衛機制意味著，有時心情不好就承認心情不好；同時也意味著，萬一心情太過不好，不妨就『在暴風雨前做好封艙的準備』。」對於痛苦的回憶、消息，具有韌性的人會在擔憂對自己造成傷害之前便遠離它們。

難道這些人不害怕，有朝一日被擱開的情感會突然襲捲回來？心理學家譚雅・策爾納（Tanja Zöllner）認為，這個問題的答案是否定的，被壓抑的記憶不必然會爆發。如果內心確確實實曾經尋求過轉移注意力、尋求過新的出路，這樣完全不會有問題。「如果不想提某件事確實就是不想提某件事，這樣就沒有問題。」

對於那些高興時快樂得像上天堂、悲傷時難過得像下地獄的人來說，不必嚴重地崩潰，不必鉅細靡遺地經受所有危機，聽起來或許很有吸引力。策爾納認為，壓抑者或許會傾向於始終保持在情緒的中場。「比較不會在危機中嚴重崩潰的人，雖然可以省去不少痛苦，不過他們往往也不會有比較深層的體驗。因此，比較容易在危機中陷入深度哀傷與絕望的人，或許可以安慰自己，他們比較能夠強烈地感受到愛與幸福。」

萬一處境真的太糟，就連情緒起伏彷若坐雲霄飛車的人，其實也可以學著，不讓各種困境將自己拉進心靈的深淵。策爾納表示：「這也取決於自己的詮釋。在每個危機中，我們不必總是只見到壞的一面。」

6.在不幸中成長，是韌性嗎？

那些表示自己
在創傷後獲得成長的人，
究竟是利用自己的危機
開創一個輝煌的新局，
抑或只是在
自欺欺人呢？

不幸中總還是會有什麼大幸。大多數人都堅信，就算不幸再怎麼可怕，到頭來多半還是會有好事發生。這是一種相當美好的慰藉。隨著時間經過，經驗的苦澀將會化為意想不到的甘甜，不僅年長者這麼說，許多人也在自己的人生經驗闡述這一點。

許多人和這位女士一樣，相信個人的不幸可以在自己的人生中促成某種正面的改變。這位在車禍後再也無法正常行走的女士告訴心理醫生：「並不是說，發生了這場可怕的意外，我感到很幸運。而是由於這場意外，讓我生平第一次好好面對自己，以及對我而言重要的人事物。我現在會去參加冥想團體，這讓我獲益良多。」她接著說：「現在我明白，人生中還有很多東西必須珍惜。如今我能更強烈地感受到日常生活裡的各種喜悅，我很感謝我還擁有的一切。」

許多人在歷經悲慘的不幸後所做的陳述，吸引了心理學家的關注。如果人們不僅克服了自己遭逢的厄運，還因此變得更加堅強，這難道不是韌性的完美呈現嗎？從人生的學習時刻裡抽出正確的結論，進而將這些收穫融入自己的人生，難道不是人人都該追求的理想嗎？

美國心理學家理查·泰茲齊（Richard Tedeschi）與羅倫斯·卡爾洪（Lawrence Calhoun）想知道損害會帶來多少益處，並釐清「創傷後成長」（posttraumatic growth, PTG）這個新概念。如果人們在一場令自己感受到不安、無助或驚恐的災難後獲得了個人的成長，某些專家將之稱為「個人成熟」（thriving）。

泰茲齊與卡爾洪與許多曾歷經各式各樣危機的人交談。有些人是可怕的意外事件倖存者，有些人曾經遭到強暴，有些人則是挺過了或是突然必須面對威脅生命的疾病（例如感染ＨＩＶ人類免疫缺陷病毒）。無論受訪者歷經的是何種創傷，呈現出的結果總是大同小異。其中有超過一半的人認為，自己最終從不愉快的經歷中受益。令這兩位心理學家訝異的是，他們經常聽到類似說法：「的確很可怕，不過我也因此變得更成熟。」

另有一些當事人表示：「我再也不想經歷第二次，不過它讓我成長、進步。我為自己的人生開闢了一條新道路，為自己找到了信念。總之，我變得更加珍視生命了。」更有些當事人會表示：「如今我重視的事物完全不同於以往，我也體認到了更多豐富自己人生的可能性。」

許多人還說，曾經身處千鈞一髮的情境裡，如今他們要比不幸發生之前更享受生命、更積極生活，或是更能強烈感受到自己對於身邊的人的愛。「困苦的時刻重新拉近我們彼此的距離。」某些認為自己的韌性有所增長的人則表示：「我曾經希望，不幸的事永遠未曾發生。如今我明白，我可以承受許多的困苦，未來可以承受更多的困苦。」

不幸會讓人幸福？

這樣的說法令人不禁想起尼采的名言：「那些殺不死他的，會讓他變得更強大。」——註 所經歷的不幸愈大，接受泰茲齊與卡爾洪訪問的人就愈相信自己從中獲得成長。我們幾乎可以得到一種印象：為了成為一個成熟且幸福的人，經歷一場可怕的不幸或許是不可或缺的。

心靈創傷專家比柏也一再聽聞這樣的故事。他的顧客裡有家暴的受害者，也有撞死行人的駕駛人。有些人突然發現自己身上似乎被完全埋沒的潛力，在那之後，他們顯然對自己的人生更滿意。

所以，不幸會讓人幸福嗎？韌性的神秘力量也在其中發揮作用嗎？

對此，策爾納抱持懷疑的態度。她表示：「的

註——尼采在《瞧，這個人！》（Ecce homo）這本書裡談的是所謂的「教養良好」（Wohlgeratenheit）（如今可能會被心理學家稱為韌性）：「到底我們可以從哪裡看出教養良好？一個具有良好教養的人會讓我們的感官覺得舒適；他就好比是由一根軟硬適中、氣味芬芳的木材雕琢而成。唯有那些對他的健康有益的東西他才覺得可口。他的興致和興味會止於有益健康的尺度。他會去推敲化解損害的解藥，會將危機化為轉機。那些殺不死他的，會讓他變得更強大。」

確有許許多多感人的故事，不過這些事情是由當事人告訴我們的。」這種「在不幸中成長」的觀點，願望的成分或許多過於現實。「許多人都樂於這麼想。」因為這樣的想法頗具安慰性。

這位心理學家決心找出隱藏在「創傷後成長」背後的秘密。她與博士論文指導教授安德烈亞斯．梅爾克（Andreas Maercker；目前任教於蘇黎世大學）共同攜手展開研究。研究過程中，有一件事特別吸引他們的關注：如果是由旁人來評估受危機衝擊的人的心理狀態，很少評估者會認為在當事人身上見到了令人信服的創傷後成長。

當事人的觀點顯然很容易對自身產生影響。加拿大社會心理學家凱西．麥克法蘭（Cathy McFarland）與謝蕾絲．阿爾法羅（Celeste Alvaro）透過令人印象深刻的實驗進一步證明。他們要求受試者先回想一下自己不久以前遭遇過的某些不愉快，隨後再陳述自己兩年前和現在的個性。接下來，他們探詢受試者的個人智慧與內心力量，如多有同理心、人生是否有明確方向等。另一方面，她們也對另一群受試者提出同樣的問題，他們則被要求先回憶美好經歷。

耐人尋味的是，兩組受試者在評估目前的自己時，結果幾乎沒有什麼差異。被要求回憶不愉快經歷的受試者，對於自己在事件發生前的強韌度與抵抗力，給予格外低度的評價。更確切來說，受試者的回憶愈是強烈撼動自身的自我價值感，給自己的評價愈低。他們可說是明顯地瞧不起從前的自己。因此，受試者堅信的「創傷後成長」，其實是他們以特別負面的方式去看待過去的自己。而這樣的結果其實是可以操弄的。

還有一件事同樣加深了策爾納與梅爾克的懷疑態度：感受創傷後成長的程度，明顯取決於一個人生活的國度。根據泰茲齊與卡爾洪的「創傷後成長清單」（Post Traumatic Growth Inventory），受訪者會被問到如「自信的感覺」、「與他人接近的感覺」或「培養新的興趣」等，最高的得分為八十四分。在美國，大部分經歷過像九一一恐怖攻擊事件這類危機的人都能得到六十至八十分。而在德國，歷經這類創傷的人多半只能得到近四十分左右。

策爾納認為，在美國，危機裡總能見到轉機，這是屬於「文化腳本」。美國人會勇敢地指出，自己同樣是以這種信念在過活。在災難之後將袖子捲起、嘴角揚起，或許並非只是他們內化了的社會義務。美國人確實比較容易做到這一點。

是自欺欺人還是真正的成長？

那些表示自己在創傷後獲得成長的人，究竟是利用自己的危機開創一個輝煌的新局，抑或只是在自欺欺人呢？

策爾納表示：「遭逢厄運之後，人們會發現到自己前所未見的人生意義，會更細心經營自己曾經忽略的人際關係。可是這當中還有另一面，那就是幻象。」

自欺欺人不一定不好。策爾納表示：「大多數人在日常生活裡，都會為自己製造關於自己的幻象，藉此在困難的處境中走得平穩。」不過有時這也可能帶來負面後果，「人們至今並未嚴格看待創傷後成長這樣的事，多半都會把它看成正面、值得嚮往的。」然而，如果遭逢不幸之後感受到的幸運只是在矇騙自己，這會阻礙真正地克服創傷，因為創傷後成長反而會和許多痛苦結合在一起。有鑑於創傷後成長的兩個面向，梅爾克與策爾納將它們稱為「創傷後成熟的雙面神模式」（Januskopf-Modell der posttraumatischen Reifung）。

數年前，這兩位學者偕同德勒斯登工業大學的學者，針對上百位嚴重車禍（其中部分有生命危險）的受害者進行調查。其中有一部分人在事故後罹患了PTSD，不僅為惡夢所苦，更由於無法妥善處理自己的經歷，以致無法正常生活。他們不由自主地一再想起先前的不幸，並且在過程中表現出強烈的情緒及身體方面的反應。

當我們愈想擺脫剛剛經歷過的某個情景，愈容易不由自主地想起。一般來說，這樣的畫面在事情過後一、兩天就會逐漸成為過眼雲煙。罹患PTSD則不同，畫面閃回的現象會持續數月。策爾納表示：「由於這些畫面既可怕又持久，當事人會用盡各種方法，力圖避免可怕的回憶重現。」他們的避免行為凸顯出了心理障礙，從而妨礙正常生活。

梅爾克與策爾納原先打算從受訪者身上，找出創傷後成長與PTSD之間的關係。出人意料的是，表示自己因車禍而獲得成長的受訪者，罹患PTSD的比例並沒有比較低。

研究結果顯示，患有PTSD的人有較強烈的傾向相信，自己不僅在心理方面變得更加成熟，也更為重視生命。而不曾罹患PTSD的人則認為，發生意外之後，自己的個性變得更為強韌。

絕望之人幻想程度較強

對此，策爾納評論道：「說服自己在心理方面變得成熟且更為重視生命，和說服自己變得更有強韌，前者的確比較不容易。」她認為，前者具有較強烈地幻想傾向，實際上卻深受意外事件衝擊，「非常絕望的人比較會幻想自己獲得了成長。」

她表示，唯有罹患有ＰＴＳＤ的車禍受害者成功克服自己的創傷，她才比較能夠相信他們的創傷後成長，「那些可以向前看，並且對新的經驗保持開放態度的人，才有機會獲得成長。」

不過，一個人在經歷可怕事件後是否會演變成ＰＴＳＤ，並非取決於個性因素，當事人遭逢何種厄運才是影響關鍵，其中性侵事件的受害者長期處於受創狀態的風險最高。一般來說，這類受害者平均每兩個有一個會罹患ＰＴＳＤ；遭到刑求或經歷戰爭的人，平均每三人會有一人；身體慘遭施暴的人當中，有十七％會罹患ＰＴＳＤ，至於在嚴重的意外事件方面則只有七％。策爾納表示：「個性在其中扮演著次要角色。」

再者，一個人在處理創傷時身處的環境，也會有所影響。克服創傷的過程中，社會與情緒方面的支持（他人願意靠近處於困境的當事人並伸出援手）是非常重要的。

創傷發生於何時也相當重要。是在擁有無憂無慮的童年、繼而成家或立業後發生，抑或是在尚不能證明個人具有生存能力的幼年時期便已發生，兩者的結果會有所不同。策爾納表示：「若在幼年時期便已遭受創傷，當事人往往一輩子都極度容易受傷。」縱使周遭所有人都肯定當事人個性堅強也一樣。

心理治療能讓成長成真

在心靈受創者身上，創傷後成長往往只是一種幻想。不過借助心理治療，這點倒是可以成真。我們已經從乳癌患者與性侵受害者身上證明此事。二〇一〇年，梅爾克與策爾納同樣從上述的車禍受害者研究證實了這一點。

為了克服創傷經驗而成功完成行為治療的人，事後測驗證實，他們的確變得更強韌，這或許是由於他們克服了具有挑戰性的治療使然。認知行為治療並不像吃糖果那麼輕鬆寫意。治療過程中，受創的人必須直接面對本人其實極欲遠離的事實。在罹患PTSD的情況裡，由於當事人對於可怕體驗的回歸有著極大的恐懼，逃避現實反而會對他們的生活造成不利的影響。這不僅無法讓他們獲得解放，也會阻礙他們自由自在地過活。

在車禍受害者當中，受創情況嚴重的人往往會有很長一段時間不敢再搭車。健康心理學家施瓦澤表示：「治療的目的就在於消除這樣的逃避行為。」根據恐懼的差異，當事人會分別被敦促車禍之後再度自行開車、由他人載送或再度加快行駛速度。治療師會陪同車禍受害者一同實際駕駛。

過程中，當事人不僅必須再次體驗自己的恐懼，還必須將這些可怕的往事儲存成為過去。心靈創傷專家策爾納解釋：「脫離受害者的姿態會很有幫助。」如果我們把自己視為受害者，便會理所當然地將自己的人生責任推給第三人或大環境。這兩者都不是我們能輕易影響的。「讓他們再度為自己的經歷負責是很重要的。」

所以治療師會十分具體地詢問患者：「你能在何處發揮影響？」、「什麼事情是你必須接受的？」藉此幫助他們走出無助的處境。她要患者告訴自己，如今再也不與回憶搏鬥，為了不再被囚禁於過往，也不該再一直對往事苦思冥想。

早在一九九四年，已故的美國暨以色列醫學社會學家阿隆・安東諾夫斯基（Aaron Antonovsky）便指出，即使置身重重逆境中也要將人生的主導權握在自己手中，這點有多麼重要。安東諾夫斯基提出了「健康本源學」（salutogenesis）的概念，它是韌性概念的前身之一。

一九六〇年代，這位社會學家曾經針對大屠殺中倖存的女性進行研究。這些女性中有一部分人在精神未曾蒙受長期損害的情況下，挺過了集中營裡難以置信的殘酷。安東諾夫斯基認為，這些女性顯然有本事將恐怖的大屠殺，處理成從自己眼中看來是「可理解、可控制且有意義的」。

維也納的精神病學家維克多．法蘭克爾（Viktor Frankl）甚至將「尋找意義」視為一個核心面向。同樣以大屠殺受害人為研究對象的法蘭克爾認為，「追尋意義的意志」，或許比追尋快樂或權力的意志更深植於人類的心靈。

儘管創傷後成長還有許多問題懸而未決，不過有一點倒是可以確定，那就是親朋好友不該期待遭逢厄運的人從自己的危機中獲得成長。醫師與治療師應當明白地告訴患者，萬一他們無法堅強走出可怕遭遇，他們也不是失敗者。

對於幻想自己在創傷後獲得成長的患者，只要這樣的幻想不致妨礙到處理創傷，醫師與治療師倒也不必從他們身上驅逐這樣的幻想。梅爾克表示：「如果患者意識到自己從中成長，我們應當在這方面支持與鼓勵他們。治療師應當允許患者擁有自己的註解、詮釋以及處理或復原的方法。」

創傷後成長等於韌性嗎？

那麼，真正的創傷後成長是否等於韌性呢？

至少有一種人格特質會強化這兩者，那就是樂觀。二〇〇一年九一一恐怖攻擊事件後，一些心理學家對四十六位大學生進行研究。很幸運地，以芭芭拉．佛里德里克森（Barbara Fredrickson）為首的團隊，恰好在當年年初研究過這批學生，因此可以直接衡量恐怖攻擊對學生的心理造成什麼影響。佛里德里克森從自己的分析得出這樣的結論：「創傷後成長主要是由正面的情緒所造成。」除了樂觀以外，主要還包括對人生的普遍滿意及感恩。雖然這都是韌性的部分面向，不過韌性本身卻不會造成創傷後成長。

策爾納表示：「具有韌性的人不太容易從自己的危機中獲得成長，這是非常有可能的。」因為不容易被撼動的人，其實也沒有必要去改變自己的生存方式。所以要對人生或他人採取一種新態度，就會比較不可能。

或許可以把創傷比做地震。唯有當力量達到一定強度，才能看見隨之而來的改變。相較於心靈脆弱的人，心理特別強韌的人或許必須歷經更為嚴重的災難，才能讓他們確實在其中獲得成長。

7. 男孩強，還是女孩強？

在兩性的相互比較中，
再次顯示出了韌性並非某種
一旦獲得便可持續保有的特質，
不如說，
它是一種取決於時間點
及當前處境的現象。

近年來，人們逐漸揭露韌性的神秘面紗。如今人們已經認識大量相關因素，可以幫助處於困境的兒童取得良好發展，也可以幫助成人克服艱難甚或慘無人道的危機。其中，性別這項因素對於心理的穩定性具有哪些影響呢？肌肉發達的健美先生與四個小孩的母親，他們的心理各有多麼堅強呢？女孩與男孩、女人與男人之間，心理抵抗力方面是否存在著某種差異呢？

簡單說，究竟哪個性別比較強？

這方面的研究不僅可以讓茶餘飯後的閒聊更有趣，還可以幫助我們找出，某種性別在克服危機方面可以向另一種性別學習什麼、男生和女生在人生哪些階段需要哪些類型的支持。不過令人訝異的是，目前這個主題鮮少人研究。

考艾島的研究上，專家在性別差異方面得出以下結論：女孩顯然比較強韌。相較於男孩，女孩比較不會在行為方面出現怪異行徑，也比較正面看待自己，長大成人後依然如此。這項研究的指導者維納表示：「能夠克服童年與成年時期所遭遇的困境者，女性的比例比男性來得高。」

不過近來相關研究卻顯示，這結論或許不盡正確。

童年與青少年階段男女韌性不同

發展心理學家安潔拉．伊特爾（Angela Ittel）與赫伯．塞特豪爾（Herbert Scheithauer）警告，這個結論可能過於簡化，因為男孩和女孩必須面對各自相去甚遠的成長危機，他們必須承受某些損害，同時也可以在過程中獲得成長。兩位學者同樣認為，童年階段的早期與中期，男孩確實比女孩容易受影響。他們經常會有閱讀問題，往往會出現「自閉症」與「注意力不足過動症」（ADHD），並且發展出更多反社會的行為。伊特爾表示：「女孩的韌性似乎比男孩持久，男孩則更早就會經歷精神崩潰的危險。」其中部分原因在於，在德國上中小學這件事對女孩來說比較容易，因為學校的各種要求比較適合女孩。「孩子們必須在學校裡規規矩矩，必須談論自己，還必須接受他人的觀點。」這對女孩而言相對容易做到。不僅如此，在青少年初期，她們的心理往往也比同齡男孩更為成熟。

即使是在家庭裡遭到虐待，令人訝異的是，年紀小的女孩剛開始也不會出現行為偏差。而遭遇類似狀況的同齡男孩，則往往會變得「反社會」且具有攻擊性。他們無法正常融入社會，因為他們無法接受規範。他們往往會變得冷漠無情、容易受刺激、挫折容忍度低。

心理學教授勒舍也曾表示：「男生顯然在一到十歲期間，心靈比較容易受傷。」不過等到進入青春期以後，整個情況便翻轉過來。此時，在那些必須承受家庭負擔的女孩身上，源自於幼年的苦痛往往就會浮現出來。

伊特爾與塞特豪爾這兩位發展心理學家表示，總體來說，青少女陳述的危機數量多過於青少年所陳述，而且她們也對這些危機賦予較高的情緒意義。青春期的女孩往往會在小團體裡大發牢騷，而且比同齡男孩更常為長期性壓力所苦，縱然那些困擾其實沒有麼糟。「青春期女孩比同齡男孩更常表示，自己深為社會期待的角色扮演所苦，如必須維持身材苗條。」

在角色扮演方面，相較於不穩定的同齡者，具有韌性的青少年與青少女比較不會讓自己受到壓迫。心理強韌的青少女較不會感到害羞，能妥善控制自己的身體，而且會對那些非女性典型的活動表現出較高的興趣；而強韌的青少年則比較不具韌性的青少年表現出更多的同情和情緒。

或許，強韌的孩子比較有勇氣打破角色扮演的框架，並且聽從自己的想法。因果關係有可能是倒過來才對。伊特爾認為，由於這些女孩與男孩興趣廣泛，並沒有那麼死板，「他們可以採取的反應方式相對地也比較多元。」一旦他們必須尋找解決問題的出路，這些條件自然成為他們的助力，如此一來又會更加強化他們的韌性。「相反地，強烈的固定性不利於生存，它容易讓人受傷。」

生物機制的影響

對於女孩進入青春期之後，轉而成為較弱的性別一事，兒童精神病學家馬丁·霍爾特曼（Martin Holtmann）與神經心理學家曼佛雷德·勞赫特（Manfred Lucht）提出了一個神經生物學方面可能的解釋。女孩比男孩早熟，這點同樣適用於她們的大腦。

霍爾特曼與勞赫特的出發點是，生物機制從一開始就參與了這些兩性差異。早在母體裡，女孩與男孩便在荷爾蒙與免疫方面受到不同影響。他們表示：「這些差異可能影響到大腦發育。」男孩與女孩的大腦發育有所差異，這論點如今已普遍獲得認可。舉例來說，兩性在處理和語言及空間有關的刺激方面有所不同。「在接下來的發展過程中，伴隨青春期而來的荷爾蒙變化，相較於男孩，會為女孩帶來更高的風險。」

在兩性的相互比較中，再次顯示出韌性並非某種一旦獲得便可持續保有的特質，不如說，它是一種取決於時間點及當前處境的現象。

如果更仔細觀察，就連在精神障礙的形成方面也透露出兩性的心理弱點。如同心理學家表示，男孩的問題比較容易引人注目，因為他們往往會將這些問題外化，一旦他們無法妥善解決問題，經常就會變得具有攻擊性或違法亂紀。女孩則傾向於將自己的問題內化，因此往往容易為憂鬱症或飲食障礙所苦。

伊爾特表示：「在青少年時期，女生被診斷出患有憂鬱症的比例比男生高很多。」女性荷爾蒙平衡顯然在當中扮演了某種角色，它讓女性的心靈深處容易受到影響。這不僅與少女在青春期突然出現憂鬱症的現象吻合，也與女性在更年期之後不再比男性常患病的現象相符。

不過也非常有可能，憂鬱症往往只在年輕女性身上獲得確診，在男性身上就被忽略。數年前，世界衛生組織曾有一項研究證實。儘管參與研究的男性和女性向醫師表達了同樣的痛苦，可是醫師明顯將較多女性診斷為罹患憂鬱症。讓伊特爾質疑的還有：「人們並非只能藉由嚴重的哀傷表現出憂鬱，藉由攻擊行為和酗酒同樣也可以。」在男性身上常可見到這些引人側目的行為，其背後往往隱藏著和女性罹患憂鬱症同樣的原因。

女孩具有較高的社交能力

青少女會花很多時間去反思自己，無論是單獨或與友人一起進行。這項特質顯然是造成她們陷入憂鬱症的重要原因。在適度的情況下，這項特質其實可以讓人增強韌性、避免受傷。女孩們不但經常談論自己，還會參酌別人的行為來分析自己。伊特爾表示：「女孩與同齡者甚或與父母的緊密關係，必須建立在高度願意交換個人資訊，並相互提供大量的情感支持。」

若有需要時，女孩多半可以比男孩獲得更多的協助，她們也因而具備較高的社交能力。只不過，這些密切的關係同時也可能會變成問題。舉例來說，與好友發生衝突可能會對女孩的心理健康造成危害，因為她們會強烈地為這樣的困境所苦。

青少年的友誼則多半建立在共同的活動以及帶有競爭色彩的交流。再者，青少年與父母的關係，在情感層面上往往也不如青少女與父母間來得密切。伊爾特表示：「相較於與自己的女兒，父母通常較少與兒子談論情感，也很少去要求兒子將情感用言語表達出來，並在社交互動中處理它們。因此，男孩比較沒有機會練習如何處理自己的情感。」一旦發生問題，他們往往缺乏對應策略，這也是為何他們可能以攻擊性的態度反應，甚至借助酒精或藥物。攻擊性很難在日後加以馴服。「攻擊行為可說是一個人最穩定的發展特徵之一。」

最讓女孩感到困擾的問題，莫過於青春期來得特別早。伊特爾與塞特豪爾表示：「過早經歷青春期的女孩，如十二歲之前就進入青春期，在應付來自周遭的期待時，往往會有不堪負荷之感。」從外部加諸給這些女孩的期待往往過於龐大，在外人看來她們已經是進入青春期的少女，可是這些女孩在認知與情感方面其實還只有兒童的水準。此外，她們往往很早就開始有性關係，這就屬於過度的負荷。

發展心理學家法蘭茲．彼德曼（Franz Petermann）表示，從以上不難看出，兩性最需要的支持形式分別是什麼。在女孩方面，為了讓她們得以在比較不敏感的情況下克服困境，必須強化她們的自律，亦即讓她們更獨立與自主。此外，女孩也需要情感方面的支持。至於在男孩，最能幫助他們的，莫過於在居家環境裡賦予清楚的組織與規則。

那麼，到底哪種性別比較強韌呢？

發展心理學家伊特爾與塞特豪爾至少得出一個明確的結論：女孩與男孩其實同樣容易受傷（視困境的脈絡與時點而定）。至於在成人方面，至少列普特與她的同事未曾在兩性的心理抵抗力上發現任何差異。在韌性測驗中，男性與女性的平均得分大致是相同的。

8. 自我測驗：我的韌性有多強？

有些日子我們會覺得自己堅強，有些日子我們會覺得自己軟弱；就連那些特別具有韌性的人也會有這種感覺。我們可以借助下面這項測驗來確定，我們的心理抵抗力到底多有強。以列普特為首的耶拿大學醫院的學者們設計出以下這套測驗，提供民眾自我進行測試，結果相當可靠。借助以下「RS-13」韌性量表的十三道問題，每個人都能測量出自己擁有多少心理抵抗力。

請分別針對以下每個陳述給予一到七分的評分。如果陳述與你的現況愈相符，描述的內容與你平常的思想及行為愈接近，請給予愈高分。

在這當中，一分＝「我完全不同意」，七分＝「我完全同意」。

		1＝不 我完全不同意						7＝是 我完全同意
1	當我有了計畫，我會去遵循它。	1	2	3	4	5	6	7
2	一般來說我會設法辦到所有事情。	1	2	3	4	5	6	7
3	我不會讓自己很快就出局。	1	2	3	4	5	6	7
4	我喜歡我自己。	1	2	3	4	5	6	7
5	我可以同時解決多件事情。	1	2	3	4	5	6	7
6	我是果斷的。	1	2	3	4	5	6	7
7	我實事求是。	1	2	3	4	5	6	7
8	我對許多事物都抱持興趣。	1	2	3	4	5	6	7
9	一般來說，我可以從多個角度觀察某個狀況。	1	2	3	4	5	6	7
10	我也可以強迫自己去做那些我自己根本不想做的事情。	1	2	3	4	5	6	7
11	每當我處於困境，我通常都能找到一條出路。	1	2	3	4	5	6	7
12	我身上充滿了能量，可以去做所有我必須做的事。	1	2	3	4	5	6	7
13	我可以接受不是人人都喜歡我的這項事實。	1	2	3	4	5	6	7

評估

請將所有分數加總起來，你會得出一個介於十三與九十一之間的分數。最高可得九十一分。分數愈高代表韌性愈強，愈低則代表心理抵抗力愈低。

如果你的分數高於七十二分

沒有什麼事情能很快將你擊倒。你可以應付大多數挑戰，滿足你人生遇到的大多數要求。某些情況在你看來絕對是困難的，不過你有能力靈活地對厄運做出反應，進而找出一個適合你，並且能夠讓你進步的解答。

如果你的分數介於六十七與七十二分

你具有中等的抵抗力。多數時候，你能夠為自己遭遇到的問題找到解答，縱使有時得花不少力氣。一般來說，即使在沒有外援的情況下，你也能夠重新找到生存的勇氣。

如果你的分數低於六十七分

你不太能夠承受困境。你遇到的問題往往會給你的人生帶來危機。你的韌性並不是很高。為了降低罹患憂鬱症和身體方面疾病的危險，以及提高對自己人生的滿意度，你應當積極做好壓力管理。若有必要，請務必尋求心理方面的協助。

＊　＊　＊

在「RS-13」量表中，生活在德國的人平均分數達到七十分，換算起來，超過了最高總分的四分之三。其中，男性和女性的得分情況類似。在「RS-25」的韌性量表測驗裡，也得到相似的結果。

男性方面，平均有七十七%獲得滿分；這個結果與年齡無關。女性方面，平均有七十五%的人獲得滿分。有別於男性，在超過六十歲的女性這部分，出現了得分些微下滑的現象。

每天我們都會遇到各種挑戰，我們必須一再與各種問題交戰，過程中，我們通常都不至於崩潰。曾經出版過許多韌性相關著作的社會學家布魯諾・希爾登布蘭德（Bruno Hildenbrand）表示：「自從人類被趕出伊甸園後，描繪人類生命的，並非那些尋常的例行公事，而是各種危機。」畢竟，生命無非是種克服危機的過程。

生活在以成功為取向的社會裡，雖然我們並不樂於聽見這樣的說法，不過失敗是正常的！我們的祖先必然曾經發展出處理失敗的能力。在希爾登布蘭德眼裡，靈活地適應逆境並且盡可能從中學習，這同樣是韌性。許多發展理論家都相信，沒有危機和傷害，人類社會根本不可能有發展。

即使平均來說，德國人距離最大的韌性並沒有差很多分，可是這樣的差距還是有可能在關鍵時刻讓事態變嚴重。它會讓我們在逆風時偶爾陷於嚴重的步履蹣跚，讓我們當中的多數人在壓力急遽增長時患病。

PART

3

成為強韌者的硬條件

那些發生在大腦、神經和遺傳上的事

RESILIENZ

數十年前心理學家就已明白，人們不一定會因危機而崩潰，有時反倒會以更堅強的姿態走出危機。他們開始嘗試找出其中原因，不過這並不是件簡單的工作。為何自己擁有人人稱羡的心理抵抗力，有時就連當事人也很難說出個所以然。因此，各個領域的專家無不苦思許多或多或少帶點狡猾的策略，來誘導那些「不倒翁」透露他們的秘密。

有些學者耗費數十年時間，在模里西斯這個偏僻的島國上研究，為何有些兒童能在幼年的種種逆境中（如遭父親施暴），培養出正常的人格。另有一些人則借助所費不貲的統計資料，理解為何在不受關愛的孤兒身上，十分尋常的兒童疾病會變得出人意料地嚴重。還有一些人則分析，當小老鼠沒有母親照顧時，大腦裡會發生何種影響深遠的變化。

過去這段時間，許許多多的研究已為與心理抵抗力有關的問題提供不少塊拼圖。如今人們對於什麼事物讓人強韌，已逐漸掌握較為完整的圖像。不僅當代心理學及精神病學相關研究有所貢獻，就連社會學、教育學、遺傳學與神經生物學等，也發現許多強韌因素，讓我們對於在驚濤駭浪裡穩若磐石的人有更深入的了解。

另外，某些人由於微小但卻廣泛存在的基因變異，加上幼年有過受虐經驗，而在日後人生變得難以承受種種負擔。這些人長大後淪為酗酒者的風險極高。不過，讓一個人在心理方面容易受傷或具有抵抗力，不單單只有基因這項因素。父母及教育的影響，也會顯現在生物結構上。幼年時期某些惡劣經驗會持續烙印在人們的大腦裡。舉例來說，在缺乏關愛的家庭中長大的小孩，借助現代技術，可以看出他們大腦裡處理壓力的能力不足。最新研究分支之一的「表徵遺傳學」也揭示了，生活會改變遺傳因子。所以，你我人生裡的種種經歷（諸如恐懼、飲食以及從事的運動等等）都會記錄到自己的基因裡。這樣的烙印甚至可能代代相傳。

本章將從以上面向，帶領你一探許多引人入勝的當代韌性研究最新成果。

1.家庭環境的影響力，從小時候就存在

教育的力量是強大的，
它可以使人變得強韌；
不良的教育也會對
兒童的人生造成傷害。
但縱使在可怕的惡劣環境裡，
還是存在著健康成長的機會。

不久之前，許多著名學者都還認為：對嬰幼兒來說，依偎是可有可無的。今日，這樣的觀點或許讓人覺得難以想像。一九五〇年代，小兒科醫師會建議新手媽媽，別太關心自己的寶寶！他們語重心長地表示，維持好小孩的清潔、照顧好小孩的飲食就夠了。當時的小兒科醫師的確認為，這麼做有益無害。其他一些有的沒的舉措只會寵壞小孩。畢竟人們不該讓孩子變得嬌生慣養。

哈利．哈洛（Harry Harlow）無法認同這樣的觀點。這位心理學家育有四名子

女，他相信，即使是嬰兒，需要的也遠不止於飲食和衛生而已。為了證明這一點，他在年幼的恆河猴身上進行實驗。當母猴產下幼猴後，他便將母猴帶離幼猴身邊，讓幼猴在接下來的幾個月裡自行成長。接著，這些幼猴發生了戲劇性的變化：這些小動物陷入精神耗弱的狀態。這項實驗讓「肢體接觸在教養中完全沒有任何意義」這個觀念開始動搖。

另外，當時在一些孤兒院裡做的研究也有相同發現：倘若兒童必須如同哈洛的幼猴那樣獨自生活，這對他們並不好，即使他們房間裡各種設施應有盡有。一九六五至一九八九年尼古拉・西奧塞古（Nicolae Ceau escu）執政期間，羅馬尼亞各地的孤兒院證明了這一點。在那些孤兒院裡，兒童必須在有點不人道的條件下獨自艱苦過活。他們往往被綁在床上，頂多只是給予一些不可或缺的照料，從來沒有關懷的言語和溫暖的撫摸。西奧塞古政權倒台後，一些西方觀察家進到這些孤兒院，發現許多院童都呈現出無精打采的模樣，有的容易受到驚嚇，有的具有暴力傾向，他們幾乎都沒有能力參與正常的家庭生活。

到了一九八〇年代末期，再沒有人會懷疑，對話與肢體接觸對於健全兒童的心理發展有多重要。兒童若欠缺心理穩定性，也會表現在身體健康上，這件事同樣讓學者吃驚。像是上述羅馬尼亞的孤兒，特別容易感染各種疾病。即使在美國與收養家庭生活多年後，患病比例依然比來自普通美國家庭的同齡者高。

很顯然，奮戰精神與免疫防衛之間存在著某種關聯。心理學家塞斯．波拉克（Seth Pollack）也表示，相較於未曾在家庭裡經驗過暴力的同齡者，曾於幼年時期身體受虐的青少年，免疫系統明顯較弱。這些受虐兒童比較無法抵禦疱疹病毒，波拉克的研究團隊在他們的唾液裡發現了被過量製造的抗體，且這樣的效應會長年維持。

關愛與照料非常重要

在明白「培養心理及身體方面的防禦能力」與「充滿關愛的環境」之間的關聯性後，某些感情細膩的小兒科醫師與心理醫師也立刻將之應用到實務上。兒童心理學家海德莉絲．阿爾斯（Heidelise Als）曾經在波士頓兒童醫院早產兒部門進行一些研究。她教導護士辨認還十分幼小的早產兒的需求，而且對於這些需求必須特別予以回應。護士必須視這些小小嬰兒的個別情況，給予許多額外的關懷。

阿爾斯的成果備受矚目。這些早產兒在醫院裡的發育情況顯示，身體方面的關懷與互動對於他們有多麼重要。當獲得了來自他人的體溫，不是天天獨自待在保溫箱裡，他們的成長速度便會明顯加快。相較於總是獨自待在保溫箱裡的早產兒，前者不僅成長較快、可以較早出院、擁有較強的肺臟和心臟，而且精神方面也較無障礙。

研究羅馬尼亞孤兒院院童得出的長期數據也顯示，社會環境對於心理抵抗力具有巨大的影響。其中，一批來自布加勒斯特孤兒院的孤兒，二〇〇〇年被羅馬尼亞的寄養家庭收養，他們在這些家庭裡獲得關愛與照料。相較於仍得繼續棲身孤兒院的院童，被收養的孤兒明顯較少罹患恐慌症或憂鬱症。

有人或許會反駁，寄養家庭或許會選擇收養那些看起來比較健康、快樂的院童，而精神方面看起來大有問題的院童則比較容易被留在院內。這點——註其實與結果完全無關，因為當時是以抽籤來決定這一三六位六個月至兩歲半大的孤兒，哪些人可以被收養。

寄養家庭都受過訓練，必須以特別慈愛的態度來對待這些幼

註——由查爾斯．尼爾遜（Charles Nelson）、納森．福克斯（Nathan Fox）與查爾斯．席納（Charles Zeanah）等精神病學家共同發現。

童。如果有什麼擔憂或問題，也可以向專人尋求協助。這項研究計畫對參與的兒童幫助很大，像是他們的智商（IQ）在二十個月內增長了將近十點，他們也較少罹患注意力不足過動症、憂鬱症與恐慌症。只不過，寄養家庭並無法降低社會行為方面的障礙。

教育的力量是強大的，它可以使人變得強韌；反過來，不良的教育也會對兒童的人生造成傷害。但縱使在可怕的惡劣環境裡，還是存在著健康成長的機會。並非所有遭受虐待的小朋友一旦手握球棒，就會變成施暴者。很顯然，有某些因素會讓某個年輕人變成和自己父親一樣的施暴者，另一個年輕人卻具有更好的內在，擁有對抗來自父親不良影響的韌性。

冷血理論的驗證

長久以來，在心理學家心目中，秉性一直是熱門人選。在他們看來，多半有暴力傾向的人，是如假包換的冷血。這點甚至可以測量出來。

一般來說，警報聲響會使人心跳加速、皮膚汗腺製造汗液（即便十分微量，借助電極便可測量出來，因為皮膚的傳導能力會在短時間內升高）。具有暴力傾向的人從小開始就對警報狀況比較沒有反應。如果他們因錯誤行為而受罰，他們不太會激動，也幾乎不會對他人所表現出的壓力反應做出回應，在惡劣的情況下，便可能會發展成暴力螺旋。起初是覺得父親對自己的毆打無關緊要，日後就演變成漠不關心被自己毆打的受害者，對哀嚎聽而不聞。

兒童心理學家霍爾特曼與神經心理學家曼勞赫特認為，較易觸發的激動性很可能也代表較好的注意力表現，因為心跳加快正是一種成功處理情緒刺激的表現。激動性以對環境的敏感度來取代麻木不仁、坐以待斃。這會讓學習變得較為容易，包括學習到如果總是使用暴力且違法犯紀，人們是無法前進的。

近年來許多相關研究證明，壓力下加快的心跳與增高的皮膚傳導性，確實是這種兒童在家庭逆境中仍能走上正途的有力旁證。心理學家派翠西亞．布雷南（Patricia Brennan）找到一項十分有趣的證據。她根據受試者是否曾經犯法以及其父親是否曾是罪犯，將九十四位年輕男性分成四組。其中，那些本身遵守社會規範而且父親曾是罪犯的受試者受到驚嚇時，每個人的心跳速率與皮膚傳導性都會明顯升高。根據布雷南的研究結果，受迫時心跳速率升高，確實可以保護年輕男性免於步自己父親的後塵。相反地，較低的脈搏頻率則是具有反社會行為風險的第一名。

由於這種關聯性十分明顯，犯罪學家亞德里安・雷納（Adrian Raine）甚至將之運用在預測上。根據近百位十五歲青少年的心跳速率，他可推斷出哪些人在二十九歲之前便會有犯罪紀錄。多年來，在世界衛生組織的支持下，雷納一直在印度洋的模里西斯島進行一項大規模的「模里西斯兒童健康計畫」（Mauritius Child Health Project）。

他在更年幼的兒童身上證實了冷血理論。學者曾以巨大的聲響驚嚇他們，或賦予他們一件困難的任務後，測量過學童的生理反應。在班級裡被老師評為特別具有攻擊性的八歲學童，正好就是三歲之時在受迫狀態下，心跳緩慢且皮膚傳導性低的孩子（老師並不曉得這一點）。

對於這樣的兒童，教育還是能發揮一些作用。當學者對這類兒童的家庭進行訓練，讓孩子從三歲起能持續獲得良好的教育及飲食，數年之後，他們的心跳及皮膚便能表現出正常的反應。到了他們二十三歲時，學者們的干預行為就可看出成果：其中犯罪人數少了三分之一。因此，負面的預測結果其實不盡然是壞事，前提是我們必須及早做出因應。

2.大腦裡的驚駭

當學者們觀察過
某個人大腦皮質裡的
細胞活躍狀態後，
他們甚至可以預測，
萬一陷入惡劣的處境
那個人會有何反應。

母鼠對幼鼠表現關愛，會舔舐幼鼠，給牠們溫暖，還會供給牠們飲食，這是鼠窩裡尋常的家居生活。然而在老鼠中也有狠心的母親，無法發揮這樣的母愛，不會關愛、照顧幼鼠，只做些最基本的給養，也幾乎不會給予幼鼠身體方面的溫暖。

這兩種母鼠的後代都能順利長大，也擁有基本能力，如為自己找個能夠遮風避雨的地方、弄到足夠的食物、找到伴侶繁衍後代等等。然而，這些小動物的內在，卻存在著足以對生命造成嚴重影響的巨大差異。

曾經備受呵護的幼鼠長大後，對於壓力的反應明顯比不曾受到疼愛的同齡者來得輕鬆，甚至也比較長壽。萬一落入陌生的環境，曾經備受關愛的老鼠並不會特別害怕；而未曾受到母鼠關愛過的老鼠則多半會躲在最陰暗的角落裡發抖。牠們沒有足夠的自信去接受陌生事物，對於改變的期待則是壞多過好。

壓力荷爾蒙的影響

這當中有個令人訝異的原因：生物的天性。加拿大神經生物學家麥克．米尼（Michael Meaney）在十多年前發現，這些動物會以大相徑庭的方式處理壓力荷爾蒙「皮質醇」這個神經傳遞物質。

幼鼠日後在心理上特別有抵抗力或特別容易受傷，壓力荷爾蒙顯然扮演某種角色。和人一樣，變得激動時，老鼠的身體也會不斷分泌這樣的荷爾蒙。接著皮質醇便會促使庫存於肝臟裡的醣動起來，以提供能量，作為逃跑、迅速想出解決方法或其他暫時性的最高效能之用。此時身體會處在警報狀態。

萬一陷入危險或壓力的處境，這套機制其實很有意義。不過，到了某個時刻就應當再次解除警報狀態，否則老鼠或人類便有可能陷入神經衰弱。為了終止壓力狀態，大腦會生成一些皮質醇的受體，讓壓力荷爾蒙停止分泌。

受到不同對待的幼鼠在這方面則有所差異。充滿慈愛的母鼠藉由自己的舔舐與寵愛，讓幼鼠大腦裡生成較多壓力荷爾蒙受體，在這些幼鼠身上，壓力造成的皮質醇分泌很快就能再度回復無害狀態；而那些冷漠母鼠的幼鼠則容易長期處於壓力狀態。

此路一開，便會代代相傳。近年來學者已確定，曾經受到關愛的幼鼠，將來也會是充滿慈愛的父母；不曾被疼愛的幼鼠，將來則會和自己的母親一樣冷漠。不過，神經生物學家米尼也證明了，幼鼠大腦裡受體的數量並非直接來自遺傳。他將母鼠的子女對調，讓慈愛的母鼠去撫養冷漠母鼠的後代，反之亦然。有趣的是，被收養的幼鼠身上不僅大腦裡生成較多皮質醇的受體，而且也會好奇地探索這個世界。

皮質醇對心靈療癒的影響力，也在人類身上獲得證實。美國精神病學家克莉斯汀・海姆（Christine Heim）曾經做過一個令人印象深刻的實驗。她刻意讓曾在幼年遭受性侵的女性處於壓力狀態下，更確切來說，海姆只是請這些女性公開發表一場演說。過程中，這些女性的壓力荷爾蒙分泌量居然是童年未曾受創且心理穩定女性的六倍。另一些相關研究也顯示，曾於幼年時期心靈受創的人，日後往往會對各種負擔反應過度敏感。

嚴重心靈受創的情況，有時可以在大腦的結構上被觀察到。發展神經生物學家安娜・卡塔莉娜・布朗（Anna Katharina Braun）在擁有明顯社會生活的八齒鼠身上發現這一點。

布朗刻意破壞這樣的社會生活，每天分別將某些幼鼠帶離家庭成員身邊一小時。一段時間後，她在這群小動物的大腦裡發現，相較於未曾被隔離的幼鼠，被隔離過幼鼠的「扣帶迴」（屬於大腦的「邊緣系統」，也參與了情緒和驅動的處理）裡，「突觸」數量明顯較多。

布朗強調：「這也是一種健康發育的失調。」一般來說，大腦在發育期間會生長出多於必要的突觸。隨著時間，只有對大腦運作有用的神經連結才會趨於穩固，其他則會逐漸被淘汰。曾被隔離過的八齒鼠身上則見不到這樣的篩選過程，牠們顱蓋底下保留過量的突觸，對牠們的行為帶來不良的後果，陌生的環境會讓牠們感到恐懼。

反應時間與復原力有關

「人們已經不再懷疑，生物因素會對抗壓能力造成影響」，兒童心理學家霍爾特曼與神經心理學家勞赫特對最新相關研究做了以上總結。這當中有項結果值得注意：動物或人類的心理強韌同樣可以根據某些身體機能具體地加以測量。舉例來說，人們可以藉由以巨大的爆炸聲驚嚇受試者，根據個人驚嚇反應時間長短，可以看出在遭遇負面經歷後受試者多快能夠復原。霍爾特曼與勞赫特表示，這是人們能夠多麼妥善處理這類事件的證據之一。

這或許意味著，驚嚇反應時間較長的人，萬一遇到比巨響更大的逆境，需要更長的時間才能讓自己復原。由於需要的復原時間或許很漫長，可能導致他們容易在精神上患病。無論如何，有件事是可以肯定的：一個人的驚嚇反應時間長短會反映在他的大腦結構上。

聽到巨響後，多快能夠回復輕鬆狀態，每個人都不同，這樣的差異會顯現在大腦的「前額葉皮質」。這個位於前額後方的大腦區塊（又稱「額葉」），是讓我們能夠對某種狀況做出適當反應的最高控制中心。前額葉皮質會接收來自外界的信號

（例如巨響），將它們與記憶以及來自邊緣系統的情緒評價結合在一起。上回聽到巨響時發生什麼事？當時發生的事情究竟是令人毛骨悚然、抑或是無關痛癢？逃跑的舉動是正確或是不必要的？透過這樣的方式，前額葉皮質不僅參與巨響之際的危險躲避，更參與之後的情緒調節。如果巨響是來自於附近有小孩在玩玩具槍，最遲在聽到第三聲玩具槍響之後，我們便不會再感到嚴重驚嚇了。

根據個人特質不同，當遇上不好的體驗時，大腦裡神經細胞活躍的程度也有所差異。透過核磁共振造影，學者們可以見到在特定情況裡，如巨響，哪些大腦區塊會特別活躍。

結果顯示，在比較放鬆的受試者身上，前額葉皮質的左邊活動較為旺盛。這樣的人會傾向將實驗中遭遇的惡劣情況做比較正面的評價。有別於右額葉活動較為旺盛者多半是膽小、愛發牢騷的人，前者多半擁有良好的感覺、心情，也是更熱情的人。

這樣的效應非常明顯，所以當學者們觀察過某人大腦皮質裡的細胞活躍狀態後，就能預測萬一陷入惡劣處境，那個人會有何反應。在約十個月大的嬰兒身上就可以觀察到這樣的差異。以理查・戴維森（Richard Davidson）為首的一群心理學家可以準確地預測，當受試的幼兒短暫與母親分離時，先前被觀察到左額葉活動較為旺盛的受試幼兒，對於與母親分離反應較為平靜，而被觀察到右額葉活動較為旺盛的受試幼兒則會大聲啼哭。

海馬迴也與強韌有關

除了皮質以外，「海馬迴」也會透露與心理強韌有關的事。米尼等多位學者認為，缺少關愛會直接烙印在大腦裡。他仔細觀察受試動物的大腦狀態後確定，不受母鼠疼愛的幼鼠，大腦裡的海馬迴發育較不良。海馬迴狀似海馬，在大腦的右邊與左邊各有一個，是記憶與情緒的轉換站。米尼相信：「母鼠藉由一個簡單、自然的行為『形塑』了幼鼠的大腦。」

人類的大腦裡也發現這種引人注意的情況。觀察嚴重憂鬱症的患者，可以發現他們的海馬迴異常地小。童年時期遭受強暴的受害者，以及心靈嚴重受創的越戰退伍軍人，大腦裡也有同樣的現象。

發育不良的海馬迴究竟是心理容易受傷的成因或結果？研究過心理嚴重受創者

的大腦後，精神病學家羅傑·彼特曼（Roger Pitman）相信是前者。他研究的創傷受害者全是雙胞胎，這點非常特別。這些雙胞胎的其中之一雖然未曾經歷過類似的可怕遭遇（完全沒有心理創傷），可是卻和經歷過可怕遭遇的兄弟姊妹擁有類似的小海馬迴。

如果這樣的觀察是正確的，未來我們或許可以警告那些特別容易受傷的人，避免尋找會對心理造成沉重負擔的工作。人們可以借助大腦掃描，阻止那些較不具韌性的年輕人前往阿富汗出任務，或是擔任處理意外傷患的急救人員（許多救護人員都會在職業生涯中罹患嚴重的心理疾病）。

3. 遺傳賦予了你我什麼？

基因的確具有
十分顯著的影響力，
卻不是唯一宰制人類的獨裁者。
在形成韌性的過程中，
基因與環境
會以奇特的方式交互影響。

這樣的機會，對於科學家來說一生或許只有一次。當泰莉．摩菲特（Terrie Moffitt）在一九八〇年代初獲得紐西蘭的許可參與一項研究時，她簡直覺得自己太幸運了！早在十多年前，紐西蘭有位心理醫生有個偉大的計畫，他要針對但尼丁市瑪莉皇后醫院裡，一九七二年四月至一九七三年三月出生的一〇三七名兒童，進行為期數十年週期性的研究，並已獲得這些兒童家長的同意。這位心理學家打算探究健康與發育問題的相關原因。

一九八四年摩菲特加入時，她的工作除了繼續擴充資料以外，還必須以能夠獲取最多成果的方式，來利用這些寶貴的資料。這位出生於紐倫堡、在美國長大的心理學家，與以色列籍同事兼伴侶艾夫夏隆・卡斯皮（Avshalom Caspi）共同參與這項計畫，並於近年來不斷提出許多超乎意外的研究成果。借但尼丁市兒童之助，他們徹底改變了人們對於基因力量的看法。

單一基因的影響力

摩菲特蒐集大量的資料。她定期訪視這些兒童，了解與他們生活有關的事，包括罹患的疾病以及遭遇的各種困境。她鉅細靡遺地記錄哪些兒童是在良好環境下長大、哪些在雙親有問題的家庭中長大。她還記錄了這些目前已經四十多歲的研究對象是如何形塑自己的人生；具有暴力傾向還是與社會融為一體？已婚還是一直保持單身？這一切背後，有個巨大的疑問：為何人生中的壓力事件會對某些人的心理造成持久性傷害，可是其他人卻似乎對此免疫？

一九九六年某一天，摩菲特與卡斯皮讀到一項具前瞻性的研究成果。由克勞斯—彼德．列許（Klaus-Peter Lesch）帶領的德國研究團隊，發表一項驚人的發現：一個人的膽小和情感方面的脆弱，顯然取決於他在某種基因上擁有何種類型。這是項非常耐人尋味的發現：單一基因居然能夠直接對人的心理造成影響！

與此有關的基因稱為血清素轉運蛋白基因5-HTT。我們通常喜歡將血清素稱為「幸福激素」，科學家則稱為「神經傳導物質」，因為這種分子會將信息傳遞給大腦中的神經細胞。適量的情況下，血清素會讓人愉快，它們會驅除恐懼、抑制攻擊性。如果大腦裡含有過多的血清素，也會導致幻覺。為此，身體需要能夠移除幸福激素的血清素轉運蛋白。

幸福激素具有多方面的作用，除了能讓人感覺愉悅，還能讓心理強韌。列許的團隊開始著手進行研究前，這點早已為人所知。以藥物形式服用血清素無助於驅逐恐懼，食用巧克力與香蕉等富含血清素的食物能讓人心情愉悅，這種說法也缺乏任何科學根據，因為這種激素根本無法從胃部到達大腦裡。然而，藉由干預血清素的代謝，精神病學家還是可以對於幸福有所幫助。

目前已有為數可觀的藥物，可以藉由影響血清素的控制中心來緩和各種心理疾病。這些藥物可以對幸福激素的製造、作用、運輸與消除發揮影響。不過，它也可以用來對抗偏頭痛、高血壓，或當作安眠藥或食慾抑制劑，只不過這些藥物多半還是用來治療心理疾病。

「憂鬱基因」與「幸福基因」

一九九六年，列許發現在人類身上存在不同類型的5-HTT基因，而這個基因的表現形態會影響一個人的精神狀態。這種基因的某種類型似乎會驅逐恐懼，另一種卻容易造成陰鬱。列許的團隊分析了五〇五人的個性及基因，結果顯示，帶有陰鬱類型基因的受試者特別神經質，很容易神經過敏，會對壓力很快有所反應，遇事往往缺乏自信並且手足無措，經常焦慮不安或哀傷不已；而帶有幸福類型基因的受試者顯然不受這些個性特徵所侵犯。

事實上，這兩種基因的差異十分微小。其中一種類型DNA片段在其基因最末端處重複十四次，另一種則重複十六次。這便是全部的差異。如此微小，卻對我們的精神生活造成巨大的影響。帶有短版基因的人被證實心理比較容易受傷，而且明顯容易罹患憂鬱症；帶有長版基因的人（這類人數顯著較多）在面臨突如其來的困境時，內心較能保持穩定。

摩菲特與卡斯皮得知列許的發現後，突然靈光乍現。他們坐擁理想的研究資料，可以針對遺傳與心理間這種令人摒息的關聯性好好進行檢視。或許簡單的基因差異會影響這些兒童如何發展自己的人生。

他們很快檢視但尼丁市兒童的基因，試圖從寶貴的統計資料裡找出，基因與精神狀態及人生發展是否有所關聯。研究結果證明確實如此。帶有短版 **5-HTT** 基因的兒童中，確實較多人出現憂鬱症症狀；一旦人生發生什麼難題，他們往往會被確診出憂鬱症，相較於帶有長版基因且必須克服類似困境的受試者，他們還有較強烈的自殺傾向。

長版 **5-HTT** 基因顯然可以賦予人們對抗逆境的抵抗力。顯而易見地，這是一種韌性基因！這項研究成果讓韌性研究領域的先驅維納留下深刻印象。她表示，一個人的基因裝備顯然可以「削弱他對環境侵害的反應」。

長版基因也能提高我們的抵抗力，以對抗生活中的壓力。精神病遺傳學家肯尼斯．肯德勒（Kenneth Kendler）借五四九對成年雙胞胎之助證明這一點。這些雙胞胎中，如果從雙親那裡遺傳到短版的 **5-HTT** 基因，多半都會因離婚、失業及其他困境而罹患憂鬱症。

針對二○○四年美國佛羅里達州特別嚴重的颶風季做的相關研究，同樣證實長版的 **5-HTT** 基因有助於克服困境，帶有憂鬱基因的人則特別為風災後果所苦。分析各項研究所涵蓋的超過四萬名受試者後，烏茲堡大學的人類遺傳學家得出相同的結論：不同類型的 **5-HTT** 基因與精神狀態間，確實存在著某種關聯性。

部分專家在初期的興奮中想到，這兩者之間的關聯性或許沒有那麼簡單。有些心理學家從一開始就潑了一盆冷水。他們指出，「憂鬱基因」與「幸福基因」這種分類太過簡化，並不可靠，並非人們只要具有某種基因，就必然罹患憂鬱症。在但尼丁市兒童的身上，遺傳基因與心理健康之間的關聯其實存在一項前提：他們早在年幼時期便曾遭受過虐待。

摩菲特強調：「如果個人未曾經遭遇過任何危機，遺傳學根本無法證明遺傳對心理健康的任何影響。」某些但尼丁市的兒童早在家庭狀況變困難前（例如父母離異或父親開始酗酒），便已經罹患憂鬱症，完全不受他們擁有哪種 **5-HTT** 基因所影響。

颶風受害者的命運同樣顯示，外在條件會強烈改變基因的影響。帶有短版基因並且因洪水而無家可歸的人中，只有少部分人罹患了PTSD。精神病學家狄恩・奇爾派翠克（Dean Kilpatrick）表示：很顯然，「一個由親朋好友構成的良好社會網絡，可以減緩事件帶來的衝擊，即使生物方面的基礎完全不利。」

暴力基因的遺傳

摩菲特與卡斯皮發現的另一種基因類型，同樣必須借助外部誘因才會發揮它的影響力，我們不妨將這種基因簡單稱為「暴力螺旋基因」。它是與「單胺氧化酶A」（monoamine oxidase A, MAO-A）有關的基因。這種酶負責調節多種大腦神經傳遞物質，包括血清素。人們以「單胺氧化酶抑制劑」作為抗憂鬱症藥物已行之有年。

摩菲特與卡斯皮的研究結果指出，MAO-A基因的變異不僅會影響情緒狀態及罹患憂鬱症的風險，還會提高年輕男性族群出現反社會行為的機率（只要他們曾在童年時遭受暴力對待）。一位曾經被父親虐待過的兒童，如果帶有MAO-A變異基因，能製造出的單胺氧化酶A數量特別少，日後多半也會具有暴力傾向。相反地，能夠製造較多MAO-A的受虐兒童，縱然有悲慘的童年，有些人還是能過著均衡的生活。科學家們只能在年輕男性身上證明此點，因為MAO-A基因位於X染色體上，女性有兩個X染色體，因此其變異對女性的衝擊沒有那麼強烈。

這種效應在年輕男性身上十分強烈。出身於惡劣家庭，同時MAO-A活動力天生較低的人，十個有八個會表現出偏差的社會行為。他們若不是在成年之前就出現需要治療的行為失調，就是在二十六歲生日前便因暴力行為被判刑。同樣擁有悲慘童年，可是MAO-A活動力較高的年輕男性，則只有將近四十%的人有暴力傾向。不過，這個結果還是比出生於家庭溫暖的年輕男性高出一倍。

霍爾特曼與勞赫特指出，類似於長版5-HTT基因的情況，MAO-A活動力較高的基因類型顯然也能讓人獲得對抗逆境的心理抵抗力，「在某種程度上，這種基因類型顯然可以增強人們的韌性，藉以克服因童年時期受虐帶來的心理後果。」

透過核磁共振造影，我們甚至可以在大腦裡觀察到，一旦帶有上述這兩種基因類型的兒童陷入壓力狀態，他們的海馬迴便會迅速進入警報狀態。生物心理學家圖爾漢．坎利（Turhan Canli）與列許共同指出，當人們將焦慮或憤怒的臉孔示於這些兒童，他們大腦恐懼中樞（亦即杏仁核）裡的神經細胞會激動地觸發。簡言之，帶有這類基因的兒童顯然特別難控制諸如恐懼或壓力等讓人不舒服的情感。

如前所述，對未曾受虐兒童來說，暴力螺旋基因與憂鬱基因並不會對他們在情感處理方面造成影響。唯有當這些兒童有過暴力的體驗，這些遺傳因子才會發揮作用。

究竟是基因境主導了個性的形成，還是環境？一九九〇年代，這個爭議就曾經鬧得沸沸揚揚。十九世紀時，博學多聞的英國學者法蘭西斯·高頓爵士（Sir Francis Galton，達爾文的表弟）便已開啟這場「天性vs環境」的爭辯。近年來，當代人格遺傳學家已確定，這兩種因素其實會持續高度地交互影響。所以，他們愈來愈致力於「基因與環境的互動」這個正在不斷成長的研究領域，包含與韌性成因相關的研究。

根據最新的研究成果，基因與環境的種種互動確實在大多數心理疾病上扮演了某種角色。心理學家茱莉亞·金—柯亨（Julia Kim-Cohen）認為，科學家們的出發點是，那些讓人易於抵抗或罹患這些疾病的基因是潛伏的，唯有當壓力來臨時，作用才會顯現。「這也解釋了，儘管雙胞胎有同樣的基因，而且在精神分裂這種病症中，基因也被證實是十分重要的因素，不過在某些雙胞胎的個案裡，罹患精神分裂症的情況往往有極大的差異。」

今日，基因對於許多心理疾病的重要性已是無可爭議。「德國精神病學、心理治療、心身醫學暨神經病學學會」表示：「在憂鬱症方面，帶有易感性基因的人，會比其他人更容易對人生中的困境產生憂鬱的反應。這種因素帶來的影響可能非常強烈，諸如季節更迭或時區變換等最微小的壓力源，都有可能觸發暫時性的憂鬱。」而在倦怠症方面，每個人的承受能力之所以有如此大的差異，或許也是受到基因的影響。只不過在憂鬱症以外的心理疾病方面，至今依然缺乏科學證明。

基因不是唯一的宰制者

基因的確具有十分顯著的影響力，卻不是唯一宰制人類的獨裁者。金─柯亨表示：「我們並非自身基因的禁臠。」為了了解在形成韌性的過程中，遺傳與環境之間的權力關係，她曾針對一千一百對同性雙胞胎進行研究。這些雙胞胎都是在一九九四或一九九五年出生於威爾斯或英格蘭，其中一半是同卵雙生，另一半是異卵雙生。他們當中有些人出身於問題家庭，還有暴力傾向或反社會的行為問題。不過，其他擁有同樣家庭背景的人，卻不像這些人在行為上引人側目。

雙胞胎對於學者有種特殊的吸引力。因為他們同時出生於一個家庭，擁有極為相似的生長環境，同卵雙胞胎甚至擁有相同的基因。不過，異卵雙胞胎的基因相似度則不會超過普通的兄弟姊妹。雙胞胎可說是基因與環境互動研究的寶庫。對這兩種雙胞胎進行比較研究，能找出基因與環境各自發揮什麼樣的影響。

金—柯亨得到一些有趣的結論。在偏差行為的形成方面，同卵雙胞胎的相似程度明顯高於異卵雙胞胎。同卵雙胞胎傾向於兩者皆有或皆無抵抗自家暴力的韌性。相反地，異卵雙胞胎則往往會朝不同的方向發展。她推估，基因的影響大約占七成，環境則大約占三成。不過其他學者認為，遺傳與環境在形成韌性的權力關係裡，應該是平分秋色。

在形成韌性的過程中，基因與環境會以奇特的方式交互影響。心理學家勒舍強調：「其中的交互作用可說是高度複雜。」

第一，父母不僅賦予子女基因，如果子女是在親生父母身邊長大，父母還賦予子女環境。所以，環境在某種程度上也可以算是一種「遺傳」。

第二，每個兒童都會尋找和自己與生俱來的秉性、興趣及能力最相符的環境。

那些生性開朗、好奇的兒童，往往會積極尋求各種新經驗，此舉對自身的發展又會有進一步助益，讓他們最終變得更有韌性。金—柯亨表示：「即使是年幼的兒童，也並非只是被動地接受來自父母、家庭與生活環境的社會化影響。」換言之，兒童本身也會去選擇自己的生長環境。

第三，父母與教育者會因兒童的人格特質（由遺傳因素表現出）而有不同的反應。性格外向的兒童樂於與周遭的成人保持接觸，因此，他們往往比生性害羞的兒童從自己的父母、師長或保母那裡獲得更多的關注和鼓勵，最終變得更有韌性。所以，兒童本身也會去形塑自己的生長環境。

勒舍總結：「當我們說，生物條件在個性和心理抵抗力的發展方面扮演某種角色，並非指一個人的行為是由基因決定。」這點往往為人所誤解。「雖然基因對於一個人的發展有所設限，可是當中還是有很大的操作空間。」也可以說，基因只是給了人們一些自我形塑的條件。

韌性基因的雙重面向

根據環境因素參與作用的不同，同樣的基因有可能會讓人變得容易受傷，也有可能讓人變得具有韌性。史丹佛大學發展心理學家潔琳娜．歐布拉多維奇（Jelena Obradovic）表示：「在充滿愛的生長環境裡長大，那些會在惡劣環境中讓人變得容易受傷的基因，甚至可以讓孩子的心理變得強韌。」韌性基因顯然具有雙重面向。

因此，憂鬱基因（5-HTT基因）有時能積極防止憂鬱症。

如果家庭充滿愛與關懷，通常會招致不良結果的暴力螺旋基因（MAO-A基因）可以不讓年輕男性成為暴力型，而變成溫柔型。

在問題家庭裡，一種名為「CHRM2」的基因會提高青少年酗酒、具有暴力傾向及違法犯紀等風險，在充滿愛與關懷的家庭裡長大的青少年則不會。

所以在心理抵抗力方面，並沒有所謂好的、值得嚮往的基因，也沒有壞的、寧可避免的基因。歐布拉多維奇與小兒科醫師湯瑪斯．波伊斯（Thomas Boyce）曾針對三百多位五到六歲的兒童進行一項實驗。只不過，對於那些受試的加州地區學齡前兒童來說，他們的實驗方法或許不太討喜。他們除了將兩滴濃縮檸檬汁滴在受試兒童的舌頭上，這些兒童還必須記住一個六位數數字，獨自與一位陌生人面對面聊聊自己的家人和朋友，最後還得觀看一部講述一個小男生和一個小女生害怕暴風雨的影片。

這一切到底目的何在？原來，他們想要透過這樣的方式來測試兒童對抗各種困境的韌性，包括身體方面（濃縮檸檬汁）、心智方面（記住數字）、社會方面（面對面交談）以及情緒方面（暴風雨影片）。

他們檢驗每位兒童的唾液裡分泌了多少壓力荷爾蒙，同時也詢問父母與老師，這些受試兒童的社交能力與暴力傾向如何。

實驗結果一如預期。同樣出身於艱困環境，相較於分泌較少壓力荷爾蒙的兒童，較為敏感的兒童比較會做出令人側目的偏差行為。但出人意料的是，如果較為敏感的兒童在充滿愛與關懷的家庭裡長大，相較於出身良好環境卻較為粗暴的兒童，他們甚至較少出現令人側目的偏差行為，會表現出更大的學習興趣，且更能妥善地與社會融為一體。

較容易受壓力影響的兒童，或許在整體上的確比較不受壓力影響的同齡者更為敏感，他們會對周遭的各種刺激做出比較強烈的反應，無論這些刺激是好、是壞。然而這也代表，如果他們可以妥善運用環境的影響，反而比那些較不受壓力影響的同齡者從中獲益更多。

蘭花vs蒲公英

波伊斯稱這樣的兒童為「蘭花兒童」，如果得不到妥善的照料，他們便會枯萎；若能獲得妥善的照料，便會綻放出令人驚豔的美麗花朵。他將這個在瑞典語中早已廣為流傳的用語引入心理學術語，還借用「蒲公英」作為「蘭花」的對立面。相對於「蘭花兒童」，「蒲公英兒童」就像滅絕不了的雜草，即使是在人生的廢物堆裡，也能夠繁茂地成長。

較容易受壓力影響的人宛如蘭花，帶有那些不一定會致病的基因。如果他們能從父母、老師或其他支持者獲得足夠的幫助，顯然可以培養出極大的潛力。兒童心理學家瑪莉安・巴克曼斯－克朗恩堡（Marian Bakermans-Kranenburg）也證實這點。她曾致力於研究罹患注意力不足過動症的兒童。這些兒童早在一到三歲之間便出現躁動不安的情況，不僅很難平靜下來，往往還會毆打同齡者。

巴克曼斯—克朗恩堡花費八個月時間拜訪這些兒童的家庭。她先拍攝他們的日常生活情況，接著再與父母們商談，對於這些較不容易照顧的小孩能提供什麼協助。

不久之後，許多受訪的家庭確實變得較為安寧。最有進步的，莫過於注意力不足過動症與遺傳有關的兒童（在「多巴胺受體D4」基因上有變異）。在心理學家的量表上，這些兒童改善到已有二十七％的行為合於社會要求，明顯高過基因沒有問題、行為卻引人側目的兒童（只有十二％）。

其他相關研究顯示，帶有這種基因變異的兒童，如果一開始父母就能提供感情細膩的教育方式，到了三歲時，甚至會特別具有社交能力，也比不帶有這種基因變異的同齡者更討人喜歡。

學者們愈是對基因與環境的交互作用進行深入觀察，情況就變得愈撲朔迷離。近年來，在韌性的形成方面，人們更發現基因與基因互動的現象。這種某個基因的活性受到另一個基因的激發或壓抑的現象，稱為「上位作用」。

人格遺傳學家列許表示：「許多基因必然在其中扮演某種角色。」他認為，成千上百種會對一個人的心理穩定性造成影響的遺傳因子將逐漸為人發現。神經生物學家萊納・蘭德葛拉夫（Rainer Landgraf）也持同樣看法：「永遠也不會出現某種簡單的韌性藥丸，不過或許有朝一日，會出現某種韌性雞尾酒。」

4. 別將基因烙印，再傳給下一代

如果我們讓自己
沉浸在正面的影響裡，
我們也能將身上的烙印
再次消除，
無論這些烙印是源於自身
還是源於我們的父母。

長久以來，DNA被視為是每個人的「物質的另一個我」。我們是什麼、會變成什麼，似乎早已寫定在它們的編碼裡。然而近年來，人們再也無法否認，並非基因主宰了生命，其實是生命主宰了基因。

更確切來說，DNA並非靜止的分子，它們無法在一個人的成長與行為中保持恆久固定。這些遺傳因子不僅會在我們的人生過程中不斷變化，我們甚至還能夠直接影響它們。一個人做的、吃的、經歷的，都會反映在他的DNA上。生物學家基恩·羅賓遜（Gene Robinson）表示：「人的一生中，基因一直高度敏感地反應所有可能的外部影響。」換言之，環境會不斷地影響基因。

每個人的每個體細胞裡都擁有大約三十億個鹼基對與將近兩萬五千個基因。我們很容易可以從每個人身上看出，體細胞是以大相徑庭的方式各自發展。例如，有些細胞會變成腦細胞、有些構成腳趾甲、有些則構成眼球等等。由於視網膜裡的細胞與大腸內壁細胞在外觀與任務上是如此大異其趣，唯有當活躍在它們內部的是不同的基因，人體才能夠正常運作。早在生命之初，某些基因應該保持沉默、某些基因應該用力發聲，這樣的程序就已設定。

很顯然的，必然存在著某種更高的計畫，在細胞發展過程中的某個時刻下達指示，應當分別運用及擱置哪些遺傳因子，在以讓整個有機體得以順利運作的前提下，妥善完成各自的任務。只是遺傳學家一直以為，這種在不同細胞裡以不同方式進行的基因活動是固定不變的。一旦基因遭到擱置，就永遠被擱置。

沉默基因的化學

這樣的想法其實大錯特錯！近年來，科學家逐漸揭開這所謂更高計畫的神秘面紗。它其實是一些簡單的化學過程，執掌開啟和關閉遺傳因子的重責大任。「甲基化」（methylation）是最常見的機制之一。DNA甲基化是指將甲基團（methyl group）附加DNA上的的生化過程，使遺傳物質的立體結構改變，從而控制基因表現。

由於這種決定細胞哪些基因應當活躍的過程，為遺傳物質的影響力增添了第二種權威，因此人們又稱其為「外遺傳學」——註。自本世紀之初起，這個新的研究領域便為生物學投下了震撼彈。

關於表徵遺傳過程的影響力，最引人注目的例子莫過於記者彼德．史波克（Peter Spork）在《第二編碼：表徵遺傳學》（*Der zweite Code*）裡描述的，由毛毛蟲化為蝴蝶的蛻變：「這種簡單的、只會啃食與爬行的蠕蟲形生物，每一個細胞裡的基因，都與

註——epigenetics；又稱「表徵遺傳學」；希臘文「επ-」（epi-）有「外」、「高於」之意。

蝴蝶這種能夠表現出無與倫比飛行藝術的華麗昆蟲完全相同。這當中唯一改變的，就只有表徵遺傳的計畫。〔……〕在那之後，幾乎每個細胞都有一項別的任務。」

雖然人類身上沒有如同由毛毛蟲化為蝴蝶那般劇烈的蛻變，不過，我們的遺傳物質也會透過表徵遺傳過程持續發生改變。經驗與環境影響會透過DNA裡的化學標記物，反映在成千上萬個地方。

近年來，科學家已經找到與飲食、空氣汙染、藥物、精神勞頓及壓力等方面有關的表徵遺傳改變模式的線索。因此，生物學家稱表徵遺傳為身體的記憶。生物學家魯道夫．葉尼許（Rudolf Jaenisch）表示，表徵遺傳的改變「是遺傳物質用來與環境溝通的語言。」

同卵雙胞胎在初形成之際，如兩個複製人一般擁有相同的基因，隨著時間經過，基因方面也可能呈現出愈來愈大的差異。身兼醫師與分子遺傳學家的馬內爾．伊斯特勒（Manel Esteller）證明了，生活是如何讓雙胞胎愈來愈個別化。他檢驗了四十對介於三到七十四歲的同卵雙胞胎的血液後發現，年輕的雙胞胎裡，表徵遺傳模式只有些微差異，而年長的雙胞胎差異則極為明顯。當這些年長的雙胞胎擁有的人生經歷差距愈大，遺傳物質也會產生愈大的差異，「如果雙胞胎當中一人抽菸、濫用藥物或長期處在遭受嚴重汙染的生活環境裡，他們的表徵遺傳輪廓便會出現顯著不同。」這位遺傳學家強調，整個表徵遺傳的改變過程是「相當動態的」。

一種動態的過程

瑞典的學者們在二〇一二年三月證明這樣的過程究竟有多麼動態：在生命分子上發生的改變，居然可以在短短幾分鐘內完成！這個研究成果令不少同業吃驚不已。以心理學家茱莉安・齊拉特（Juleen Zierath）為首的學者們以腳踏車測力器進行實驗。他們讓十四位年約二十五歲，身體健康但不太運動的年輕人踩踏板約二十分鐘，之後從受試者大腿上取下約五十至一百毫克的肌肉，結果發現，踩踏動作會使用到的肌肉細胞，其遺傳物質已經改變了。這些細胞裡（以甲基型態出現的）化學標記物數量明顯少於踩腳踏車之前的狀態。就連齊拉特也非常驚訝，「我們的肌肉確實是可塑的。」

事實上，我們從日常經驗中或許早就意識到這一點。透過運動，肌肉會強化；如果將它們封在石膏裡幾個星期，鍛鍊成果便會逐漸付諸流水。根據齊拉特的說法：「肌肉很能調適自己，以配合加諸在它們身上的要求。」不過，肌肉可以快速加以鍛鍊最吸引人之處，莫過於這當中的表徵遺傳機制。並非鮮少運動的受試者身上有什麼基因發生改變，而是在運動之際參與代謝的基因，上頭的甲基消失了。

這樣的過程會以動態的方式進行，且顯然早在一個人的生命之初，也就是母體裡就已展開。相較於伊斯特勒針對雙胞胎進行的研究，由傑佛瑞・克雷格（Jeffrey Craig）與理查・薩佛瑞（Richard Saffery）領導的澳洲的研究團隊，將實驗對象的年紀略為提前。他們借助新生兒的臍帶血與胎盤，對剛出生的同卵雙胞胎的遺傳物質進行研究。雖然這些雙胞胎於初形成之時在基因上是相同的，不過當他們出世之際，遺傳物質卻已出現差異。這樣的變化顯然在母體裡就已經發生。根據克雷格的說法，這些變化「必須歸因於各種只發生在雙胞胎其中之一的事件」。因此早在母體裡，環境就已經強烈影響一個人偏好運用及擱置自己的哪些基因。

難道同卵雙生在母體中所處的環境是不同的？沒錯，這位學者認為：「他們不僅有各自的臍帶，分別供給他們成分或許略有差異的血，而且在超過九十五％的情況裡，還分別擁有自己的胎膜囊。」此外，雙胞胎之一可能比較靠近心臟，另一個或許在腹部前端。換言之，他們身處的環境總是獨特的。

基因會因心理創傷產生改變

如果我們能從一些無關痛癢的小事（例如距離母親的心臟遠近，或是二十分鐘的腳踏車鍛鍊），看出它們對於遺傳物質的影響，那麼在歷經身體或心靈創傷後，一個人的DNA又會發生多大的變化呢？加拿大神經科學家古斯塔佛．圖瑞奇（Gustavo Turecki）表示：「非常大！」他募集了四十一位來自魁北克的男性受試者，就遺傳物質甲基化模式方面進行研究。受試者中有二十五位曾於幼年時期遭受過嚴重的虐待，其餘十六位則擁有正常的童年。結果顯示，童年時的悲慘遭遇，都在受虐者身上的遺傳物質留下烙印。

曾經受虐的受試者身上，有三六二個基因出現典型的甲基化現象。其中有二四八個基因甲基化的程度強於對照組，其餘則弱於對照組。最明顯的差異出現在「ALS2」基因上，它存在於海馬迴的神經細胞裡。根據圖瑞奇的說法，它與焦慮的行為改變有關。

神經精神病藥物學家艾力克．耐斯特勒（Eric Nestler）——[註] 表示：「表徵遺傳機制可以是對於壓力的暫時性回應，它們會持續數小時，也有可能會持續數月、數年甚或終生之久。」一項表徵遺傳的改變會維持多久、成因是什麼、何時或是否會再度消除，都是目前相關研究想要積極釐清的問題。很顯然，那些早在童年時期就加在遺傳物質上的表徵遺傳標記十分持久。這些幼年時期的創傷之所以在大腦細胞基因裡留下特別深刻的痕跡，主要是因為這段時間大腦的發育正如火如荼地進行著。對於這類表徵遺傳的改變，日後人們似乎完全無可奈何。不過，諸如因運動而在肌肉細胞上發生的甲基化等其他的標記物，則能夠不斷地增減。

借助老鼠實驗，米尼率先揭示了心理疾病不僅受基因影響，還會受到表徵遺傳過程的影響。他關注的是，當備受呵護的幼鼠突然增生大量壓力荷爾蒙皮質醇受體時，隱藏在背後的是哪些機制。在與分子遺傳學家摩西．史濟夫（Moshe Szyf）的合作下，米尼證實了在那些不受疼愛的動物身上，與皮質醇受體有關的基因發生強烈的甲基化。

可惜的是，當時的主流見解還是遺傳物質裡的甲基化會持

註——遺傳精神病學的奠基者之一。他曾經針對嚙齒目動物做過許多研究，並提出許多與精神疾病有關的分子解釋，讓人們更進一步認識隱藏在憂鬱症背後的生物化學機制。

久固定，因此他們的觀點遠遠超出大多數學者的想像力。一直到二〇〇四年，這兩位加拿大的學者總算可以將自己的發現公諸於《自然——神經科學》（*Nature Neuroscience*）上。

從這時起，世人開始明白，幼鼠的基因顯然會因為經受的心靈創傷而發生變化。不久之後，耐斯特勒利用令人折服的小技巧證明了這當中的關聯性有多麼緊密。他不僅分別在每隻動物身上阻撓甲基化，當他一再將牠們帶去與具有攻擊性的同類共處一室時，還（相對於對照組）防止牠們淪為精神失常。受到虐待的動物會變得對於平日很喜歡的事物興趣缺缺，例如甜食與性。如果讓牠們服用甲基化抑制劑，牠們便不會出現這些憂鬱症的症狀。

防止心靈受創的藥丸

同樣的情形是否可以套用在人類身上？這代表或許有朝一日，人們可以借助抑制甲基化的藥丸來防止心靈受創！米尼與史濟夫很快便開始鑽研這個問題。二〇〇九年，在一篇備受矚目的研究報告裡，他們鞏固了「幼年時期有過悲慘經驗的人，他們的基因會透過表徵遺傳過程加以改變」這項假設。這兩位學者研究三十六位成年受試者的大腦，其中十二位曾在童年時期遭受過虐待，後來自殺身亡。另有十二位同樣也是自殺身亡，不過他們在童年時期並沒有遭受過嚴重的心靈創傷。剩下的十二位則是突然死於自然死因。

史濟夫解釋：「虐待在大腦裡留下了痕跡。」更確切來說，留下的其實是甲基化的痕跡。幼年曾受虐、後來自殺身亡的受試者，神經細胞裡的表徵遺傳模式，與不受母鼠疼愛下長大的幼鼠，相似程度極為驚人。童年時期的打擊導致一個名為「NR3C1」的基因（與形成大腦中壓力荷爾蒙皮質醇的受體有關）發生甲基化的現象，導致皮質醇受體約有四〇％在形成過程中受阻。因此，曾於童年時期受虐的人，大腦裡會一直維持著警報狀態，讓他們特別容易罹患恐慌症與憂鬱症，或許也讓他們容易具有自殺傾向。

神經科學家伊莉莎白・賓德（Elisabeth Binder）提出證據並表示：「人們不該再將遺傳與環境分開來看。兩者皆是關鍵因素。」。賓德與同事托爾斯坦・克林格爾（Torsten Klengel）關注的是「FKBP5」基因，它是諸如皮質醇等壓力荷爾蒙的重要調節器。由於基因變異而形成特別多FKBP5基因的人，不僅較容易具有暴力傾向，而且也容易罹患憂鬱症。只不過，唯有當他們曾經在童年時期受虐，這個基因才會在因內心痛苦觸發的壓力荷爾蒙洪流下，產生表徵遺傳的改變。它的甲基化消失了，本身則變得更為活躍。克林格爾強調：「這種DNA的長期改變，主要是由於幼年時期的心靈創傷所造成。」成年後才遭遇不幸的受試者身上，則完全找不到這種刮除甲基殘留的現象。

一旦甲基被移除，當陷入困境時，對於壓力平衡極為重要的**FKBP5**會被過量製造。這兩位學者表示，其結果便是，「終身會對處理困境有障礙」。因此，他們的一些同行已經開始著手研發能夠降低**FKBP5**作用的藥物。

基因改變會遺傳給下一代

近來有愈來愈多相關研究證實，那些本身因壓力、暴力、藥物或飲食等因素而在遺傳物質上發生變化的人，會將某些改變遺傳給下一代。因此，環境影響與人生經驗皆是可遺傳的。

拜第二次世界大戰所賜，這點首度令人印象深刻地顯露出來。一九四四／四五年冬天，由於遭到德國占領，荷蘭經歷一段特別嚴峻的歲月。納粹在這個難捱的寒冬扣留所有食物，並且封鎖對荷蘭民眾的糧食供應，因此荷蘭西部省分糧食短缺的情況特別嚴重。當時的荷蘭有將近四百五十萬人處於挨餓狀態，大約有兩萬兩千人活活餓死。

這個荷蘭人口中「飢餓的冬天」，不僅在歷史上，更在荷蘭民眾身體上留下痕跡。每個當時出生的荷蘭人，迄今在健康上都還承受著當年飢荒的苦果。以忒莎．羅斯波姆（Tessa Roseboom）為首的學者研究後指出，「飢餓的冬天」裡出生的人，即使年屆六十，身體狀況依然有別於那些在境況較佳時期出生的兄弟姊妹。

在未出生之時，他們必然得順應營養供給最少的狀況。當時他們的母親鮮少可以每日攝取超過五百大卡的食物，胎兒的新陳代謝不得不對這樣的情況進行調適，並充分利用所能攝取的一切。當他們成年之後，這些表徵遺傳的改變對他們的生活造成影響。戰後富庶的年代裡，這些改變讓他們特別容易將過剩的養分快速堆積成體脂肪。過胖的結果往往讓他們罹患糖尿病。此外，這些人在成年後不僅容易罹患憂鬱症，心肌梗塞的機率是其他荷蘭人的兩倍，罹患乳癌的機率則是四倍。父母都是「飢餓的冬天寶寶」的羅斯波姆表示：「人們不但可以說：『你吃什麼，你就是什麼』，甚至還可以說：『你的母親吃什麼，你就是什麼』。」

大屠殺帶來的驚恐也會傳給下一代。如果父母是納粹時期猶太人大屠殺的倖存者，這樣的人罹患恐慌症、憂鬱症及PTSD的機率往往高出平均值。西奈山醫學院的心靈創傷專家瑞秋·葉胡達（Rachel Yehuda）證實，這些人身上的壓力反應確實和許多親身遭受心靈創傷的人一樣高。

尋找有待發現的痕跡

目前葉胡達正努力尋找在遺傳物質裡造成壓力反應升高的痕跡。她的出發點就是，存在著有待發現的表徵遺傳痕跡。

可能人選除了與皮質醇代謝有關的基因，還有在心靈創傷方面已為人熟知的5-HTT基因。卡列斯坦·柯能（Karestan Koenen）與莫妮卡·烏丁（Monica Uddin）為首的流行病學家詢問了底特律同一區的一千五百位成年人：是否患有憂鬱症、人生中多常面臨困境的考驗、是否曾因某個可怕的經歷而罹患PTSD。他們借助基因技術對受訪者的血液進行檢驗後發現，經歷過許多足以造成心靈創傷的事件，卻從未罹患PTSD的人身上，與5-HTT有關的基因出現特別多甲基化的現象。很顯然，由於表徵遺傳過程的影響，這些人身上的轉運蛋白無法再像較敏感的人身上那樣活躍。

表徵遺傳學的相關研究，獲得了一些令人訝異的知識。從聖誕節時吃太多油膩的食物，一直到下班後抽幾根菸，我們做的一切無不反映在遺傳物質上，且或許還會波及我們的子孫。已經有跡象顯示，前述「飢餓的冬天寶寶」裡，影響甚至擴及第三代或第四代。只不過，目前只能從動物實驗中獲得可靠的數據。科學家已在老鼠身上證實，抽菸的後果會殃及孫代。以費倫德．雷安（Virender Rehan）與約翰．托爾戴（John Torday）為首的小兒科醫師讓懷孕的老鼠吸取尼古丁後發現，牠們的子代不僅本身特別容易罹患氣喘，還把這樣的體質傳給自己的下一代，雖然出生之後牠們自己以及下一代都未曾接觸過尼古丁或二手煙。儘管在人類身上無法進行這樣的實驗，不過相關問卷調查也顯示類似的效應。從南加州許多受訪者的陳述，我們得知如果祖母（或外婆）曾在懷孕時抽菸，孫子罹患氣喘的機率是其他人的兩倍。

移除基因烙印是可能的

在這樣的背景下，我們或許幾乎不用對自己的行為負責。

然而，表徵遺傳學還是具有積極意義的，因為我們的基因其實是可以形塑的！我們的父母遺傳給我們的，與我們遺傳給子女的，比過去長期推測的更能被大幅改變。事實上，人類受到遺傳物質擺布的程度，比我們認為的更少。我們其實有能力改變它們。

在這當中，表徵遺傳的改變（相對於放射線或某些病變在我們基因上造成的永久變異）特別容易受到我們的影響。甲基化不僅可以附加到基因上，也可以再度移除，從斯德哥爾摩腳踏車測力器的實驗（參閱第一九四頁），我們見識到這個過程進行得多麼迅速。如果我們讓自己沉浸在正面影響裡，就有可能將身上的烙印再次消除，無論這些烙印是源於自身還是我們的父母。這些正面影響至少能夠逐漸覆蓋我們遺傳到的、並非完全固定在遺傳物質上的甲基化。

身兼精神病學家與化學家的佛羅里安・荷爾斯波爾（Florian Holsboer）甚至希望，有朝一日能為心靈創傷的受害者研發出一種「事後藥丸」。如此一來，當那些特別敏感的人經歷可怕事件後，醫師便可開立一種能夠防止罹患PTSD的藥物。他認為，這樣的藥物可以阻斷將心靈創傷記錄在神經細胞的表徵遺傳過程。畢竟，在耐斯特勒做的動物實驗裡，這種甲基化抑制劑確實讓受同類虐待的老鼠免於罹患恐慌症。

還有一件事同樣也為我們帶來希望。賓德認為，也許那些愈快罹患PTSD的人，同樣可以愈快從中獲得解脫。有鑑於蘭花兒童與蒲公英兒童的研究，她強調：「這些現有的基因裝備並非只會帶來危機，有可能偶爾也會帶來韌性。」特別容易藉由表徵遺傳的改變，對環境做出反應的人，或許也能特別強烈地被正面環境所影響。如果他們能夠下定決心規律進行放鬆練習、參加抗壓訓練、更換合適的工作甚或尋求心理治療師的協助，或許幫助很大。

PART

4

如何讓孩子變得強韌

父母和學校可以這樣做

借基因之助，搖籃裡的寶寶已被賦予某種程度的韌性。其他的心理抵抗力會在幼年時期形成，父母也參與一大部分。因此，許多父母都想知道，如何才能讓孩子變得強韌。專家警告，若不讓任何困難靠近子女，無法達成此目的。現代父母往往過於呵護子女，反而達不到自己真正希望的。相較於童年期必須自己克服困境的人，過於被保護的兒童長大後，往往變得更沒有抵抗力，在應付自己遭遇的困境時，會更捉襟見肘。心理抵抗力宛如肌肉，需要訓練，當你需要它時，它才會存在。這樣的訓練可以很早就開始，譬如孩子在沙坑玩耍時與其他小朋友起爭執，父母可以讓年幼的子女自己試著處理狀況。兒童必須學習負起責任。

德國各邦的教育部長愈來愈體認到，幼年時期的韌性培養非常重要。許多中小學與幼稚園已經開始實施由專家擬定的各種計畫，目的除了培養兒童的自信，更要培養兒童處理衝突與應付挑戰的能力。本章將帶領你認識這類計畫採取的策略，讓父母可加以學習應用。許多專業的強化訓練也會將父母一併納入，因為這比讓子女單獨受訓成效明顯高許多。

既然韌性如此重要，許多父母不禁自問：如果充滿愛的關懷對孩子的身心健康有重大、長遠的影響，難道子女不需要父母全天候的守護嗎？如果父母其中一方不去上班，不把年幼的子女託付給保母或托兒所，而是親自專心教養子女，難道不會更好嗎？

五十多年來，與托育有關的研究已提出明證，這樣的疑慮其實是多餘的。在德國，多數人反對提早托育的態度並非基於事實，而是基於意識形態。母親在生產完後就立刻返回職場的孩子，並不會比母親是全職家庭主婦的孩子更容易出現焦慮、不開心、行為偏差和心因性腹痛等情況。而且正好相反。托兒所對兒童很有助益。發展心理學家已普遍認為，正是在托兒所與幼兒園裡，幼童才能蒐集到讓自己個性變強韌的重要經驗。

1. 別讓孩子成為溫室中的花朵

唯有兒童自己努力克服
發生在自己與父母或朋友間的衝突，
心理的強韌才會獲得增長。
前提是，
衝突得以再次平息，
困境不致惡化成災難。

擔憂是現今父母主要的特質。他們當然也會為子女感到驕傲、歡喜、壓力重重。萬一年幼子女太常感冒或腸胃炎，他們也會感到痛苦。然而，擔憂似乎已成為一種常態。他們會問自己，孩子是否能順利進入托兒所或幼兒園、該為孩子選擇什麼學校、如何才能讓子女更健康、如何才能讓各種人生逆境盡可能遠離孩子。父母自己處在各式各樣的負擔下，很少真正地感到幸福，因此都想給下一代一個無憂無慮的童年，無條件地！

不過，如果兒童備受呵護的長大，他們的健康狀況不一定如父母設想的那麼好。唯有兒童努力克服發生在自己與父母或朋友之間的衝突，親自克服人生中遭遇的種種難題或打擊，心理的強韌才會獲得增長。前提是，衝突得以再次平息，困境不致惡化成災難。

心理學家金—柯亨表示：「在兒童身上，韌性顯然每每在父母與子女的衝突，以及隨之而來的重修舊好中獲得增長。」兒童感受到的壓力等級會在衝突中升高，一旦壓力回復到正常狀態，便能培養出韌性，「若想創造增強抵抗力的機會，保持某種程度的壓力與歧異是相當重要的。」

那正確的方法是什麼呢？韌性專家勒舍在一段訪談裡，表達了自己對於這個問題的看法。

Q—您有一項建議經常為人引用，那就是：「父母不該將自己的子女包在棉花裡（意即「不應過度呵護子女」）。」為何不該呢？

A—我們經常見到，有些父母老是幫子女做這個、做那個。如果子女真的有困難，偶爾幫幫忙倒也無可厚非。可是千萬不要過了頭！父母不該事事都幫子女做。困境是人生的一部分，這點每個人都應該時時謹記在心。事實上，我們不妨乾脆以幸運的態度去接受困境。

Q—困境到底能發揮多少好處？

A—子女的一生會不斷面臨各種問題，經歷一些絕望與失敗是無可避免的，也是為人父母者無法保護的。子女必須培養出因應各種挑戰的能力。如果一個人可以親自解決一道難題，會讓自己的自信心獲得增長，並培養出在日後同樣親自解決問題的意願。如果從未學習過這樣的過程，將來遇到困境時，恐怕逃避問題會多過於解決問題。到頭來，他會缺乏承擔責任的動機。

Q—父母不應為子女避免掉哪些困境嗎？

A—在不是非幫不可的事情上，父母應該放手。「盡可能少，盡可能必要」是父母要掌握的方針，從很小的幼兒身上就能適用。當兩歲大的幼兒跌倒時，父母不必將他扶起，他可以自己站起來。這樣孩子會明白，下一回在沒有父母的幫助下自己也能站起來。父母也可以讓幼兒自己處理與玩伴在沙坑裡因為一點小事引發的爭執，只要過程中不至於受傷。父母應該訓練他們，如何與人爭執並在爭執之後再度重修舊好。

Q—當兒童稍大一點時，父母可以怎麼做？

A—這時，讓他們有機會主動克服難題是很重要的。父母應當賦予適合他們年齡的一些責任。譬如讓他們定期清理垃圾、餵養天竺鼠或打掃自己的房間。兒童也應該自動自發做功課，並自行準備好第二天上學需要的一切事物。年紀較大的兒童可以自己準備校外教學時需要的東西。如果兒童可以自行打理許多事情，就會培養出自信。這樣的信心會伴隨他們一輩子。一旦危機時刻來臨，信心便能帶給他們莫大的幫助。

Q—對父母來說，要眼睜睜看著子女做些傻事，其實並不容易。

A—父母的確不該將孩子帶入困境，不過千萬別忘了，人生是孩子最重要的學校。孩子必須學習，同樣有能力度過不平靜的時光，當他們長大成人後，才有能力辦到這一點。能夠讓子女變得強韌的父母，只會在必要時做些引導性的干預。

Q—如果德國人有較多子女，是否就不得不讓子女多為自己負責？

A—把子女「惜命命」的確與家中只有一、兩個孩子有關。現在的小孩可以從父母那裡獲得許多關愛，就算如此，父母也不該毫無節制地溺愛子女。我們必須對他們做出適切的回應，他們才能與我們以及其他人建立起穩固的關係。

Q—穩固的關係對兒童有何意義？

A—兒童會明白，有人會接受我，也有人會限制我，對於會限制我的人，我不能為所欲為。具有權威性的教育方式是相當重要的。這並非指父母應當獨裁專制，牢牢控制子女，子女想要做任何事情完全不被允許。我所謂具有權威性的教育，是指父母一方面要給予子女溫暖和支持，另一方面也應當定出明確界限並有效貫徹。在啤酒餐廳裡，父母不該因為怕子女哭鬧就讓他們吃第三碗冰。這樣只會讓子女學到，靠著哭鬧就能得逞。

Q—可是社會學習會讓孩子傷痕累累。父母難道也該讓子女獨自處理自己的傷痕嗎？

A—不。的確應該讓孩子好好面對一些負面經驗，可是在那之後，父母也應該給予適當的幫助。無論子女做的事情多麼沒有意義，父母要讓子女意識到，父母總是站在他們這邊；父母應該讓子女曉得，萬一有需要時可以找誰求助。這在危機時刻是項非常重要的保護因素。

Q—如果父母讓子女承受過多的逆境，會對子女造成多大的傷害？

A—如果這是出於某位心理學家之口，聽起來或許會有些嚴重。我們不需高估家庭教育的影響。敏感的父母總認為，教育的每個細節都很重要。可是在一般人所處的中間區域裡，這些細節並不會影響太大。我們必須小心的是，孩子可能會因冷落或虐待而受傷的極端環境。如果父母與子女關係良好，即使父母因一時氣憤賞了子女一個耳光（雖然這並不是件好事），也不至於讓子女心靈受創。一九九〇年，我們曾在聯邦政府的暴力委員會裡要求禁止體罰，不過直到二〇〇〇年才終於立法禁止。立法並非要禁止正常的父親連偶爾發一次飆也不行，主要在警告其他冷血的父母，打小孩並不是教育的一部分。

Q—如今就連中產階級父母可能都覺得很難放手，因為現在的生活似乎比以前更危險。

A—乍看之下似乎如此。不過我們必須避免落入一種懷舊的觀察方式。從前絕非什麼事情都是美好的。如今的孩子可以自我發展的空間的確比較少，許多兒童幾乎都不能獨自上街。父母應該學習不要害怕所有的事情，子女則必須學習這個世界可能是危險的，還必須學習如何保護自己。

Q—許多父母會覺得，找點什麼事和子女一起做，好過將他們打發走。

A—這種老是喜歡找事做的態度，在我看來有點濫情。子女必須學著應付無聊。他們有時可以自己找東西玩，或是做點勞作。如今人們可以每個週末去逛有充氣城堡與遊樂設施的DIY賣場或家具賣場，此外還有電腦。孩子有太多活動可做了，但孩子必須忍受並非總是有活動，這樣他們才會自己找事情做。這可以製造激發創造力的空間，並且讓孩子們相信，就算沒有外來的建議，自己也可以度過一個美好的下午。這也是一種自我效能的經驗。

Q—如今離婚率不斷攀升。父母離異會對子女的心理發展造成多麼嚴重的影響？

A—在父母離異的家庭裡長大，確實是影響心理健康的風險因素之一。不過這得看父母是否老是衝突不斷、是否在爭吵的情況下離婚，子女是否夾在中間左右為難？如果父母離婚後還能保持友好關係，子女未必會強烈為父母離異所苦。

Q—父母曾經離婚的人日後自己往往也會離婚。父母離異會妨礙子女長期與伴侶維持情感互動的能力嗎？

A—關於這項統計，有一種解釋是說，父母破裂的婚姻會讓子女變得比較容易受傷，因此這類子女與伴侶維持長久關係的能力相對較弱。不過還有另一種說法，父母離異的孩子因為經歷過，知道離婚並不是什麼大災難，不是什麼過不去的難關，反倒是解決問題的好答案，所以他們自己日後比較容易離婚。

Q—您怎麼看青春期的教育呢？畢竟最晚到了青春期，父母對子女的控制就已經宣告結束了。

A—不，子女進入青春期後，父母同樣必須設定規則、賦予規範，就算連父母都認為孩子不會聽自己的話了！父母還是可以告訴子女，不希望子女晚歸。雖然說這話未必有用，因為連我們自己有時也沒辦法準時回家。不過有些東西還是會被記住，這些被記住的東西會形成價值體系。不過，唯有親子之間關係良好，這套價值體系才會發揮功用。在大多數情況裡，父母與子女之間的關係都是正面的。儘管青春期會遭遇各式各樣的困難，子女多半是愛父母的，也想表現給父母看。這會讓他們產生一種心態、一種常規，當狂野歲月過去後，他們便可依恃這套常規為自己的人生賦予一個架構。

2.孩子的韌性培養計畫

兒童能自己培養主動性，
自己解決自己的難題、
形塑自己的人生。
但他們無法長期僅憑
一己之力增強自己的韌性，
他們更需要依靠支持他們的網絡。

沒有什麼會比他人的信任更能讓一個人變得強韌。

保羅．克勞德（Paul Claudel）

傑森沒有得到半顆星星，完全沒有。在班上，他是唯一一位沒有獲得任何星星的孩子。不過他自己並不知道。傑森的孤獨是在美國某學校進行的一項實驗中發現。老師們希望借助這項實驗讓學生得到安全感，而且沒有任何孩子會被遺漏。他們在辦公室裡張貼所有學生的照片，讓每位老師在自認為可以建立關係的學生照片上，貼一枚閃閃發亮的小星星。最後，傑森居然連半顆星星也沒有！

對於老師而言，這是個相當重要的警訊。這些小星星其實是該校強化學生韌性計畫的一部分。愈是深究心理抵抗力，人們就愈了解，老師與教育工作者也在其中扮演某種角色。如先前考艾島研究所示，關係可以提供保護，無論與孩子建立起內在關係的究竟什麼人，他的支持者可以是父親、母親、老師或朋友的父親，也可以是鄰居或村裡的神父。

在這所美國學校裡，所有師長都認為，傑森也需要找到一位支持者。他們問自己，如何才能讓這個男孩與某位師長建立起良好的關係。傑森一定有什麼地方是他們喜歡的。他有什麼優點？甚至特別讓他們讚嘆的？從那時起，一些師長們特別積極地關懷這位非常害羞而且十分不善與人接觸的男孩。

關係創造韌性，韌性則是人生真正的武裝。近年來，教育學家愈來愈重視心理抵抗力的強化，因此在德國的幼兒園與中小學裡，韌性這個概念也逐漸廣為人知。心理學家班德強調：「韌性研究的結果並非只是讓我們天真地相信自我療癒的過程。」事實上，它涉及到了協助人們如何自助。

透過觀察表，找出孩子的強項與弱項

專家們希望在德國的教育機構裡，能盡早為孩子開闢正向發展的坦途，盡可能避免讓兒童培養出對自己的負面看法、不良的應對策略以及偏差的社會行為。在某些邦，韌性的培養仍得依靠幼兒園教師的善心，但在巴伐利亞邦已是一種法定義務。

二〇〇八年起，巴伐利亞邦的幼兒園教師便開始填寫「幼兒園生活正向發展暨韌性觀察表」。這套觀察表由慕尼黑「邦立兒童教育研究所」的米歇拉．烏里希（Michaela Ulich）與東尼．麥爾（Toni Mayr）共同研擬。幼兒園教師可借助這套觀察表，學著評估兒童在社交與情緒方面的能力。麥爾表示：「這些能力是成功人生的核心基礎。」

這套觀察表探詢了孩子在社會活動中的六個面向：孩子的社交能力有多高、自制能力／體諒能力有多高、自主性有多高、壓力調節能力有多高，以及使命感和探索興趣有多高？根據以上問題的答案，教師便可看出每個孩子什麼地方弱、什麼地方強，進而針對每個孩子的需求提供協助。只不過，保育員、教師與父母往往只專注於孩子的不足之處，而較少關注孩子既有的能力，更遑論循循善誘孩子充分利用自己的能力與資源。來自柏林的治療教育學家舒曼表示：「正確的目的應該在於，讓孩子認清自己的長處與短處。」

其實，就算沒有觀察表的幫助，幼兒園教師也能輕鬆為班上的孩子做出評估（在他們的腦海裡，肯定對每個孩子的個性有某種程度的概念），不過填寫觀察表，還是有助於更細膩地觀察孩子們的發展。

以蘿拉為例，雖然她和其他孩子還是有不少接觸，但若更仔細觀察，便不難發現她的社交能力其實是不足的。她幾乎從不主動參與遊戲，更嚴重的是，她甚至認為自己根本沒有朋友！也就是說，蘿拉的社交意願其實有待加強。了解這點後，幼兒園教師便可對症下藥。

在巴伐利亞邦，「幼兒園生活正向發展暨韌性觀察表」是教育計畫的一部分，當中觀察的一項能力是探索的興趣。這項能力不僅讓人變得強韌，還能讓人更聰明、開朗以及享受嘗試的樂趣。能夠無所畏懼迎向新事物或不尋常的教材是很重要的。一個容易不安的孩子，往往無法妥善應付這些挑戰，他的學習能力與好奇心會被自己的恐懼感給削弱。

除了理解能力以外，社交與情緒方面的能力同樣決定了兒童能否妥善應付課業，也決定了其教育成果。麥爾與烏里希說：「我們不想重溫過時的兩極化教育：一邊是培養智能、另一邊是培養社交與情緒能力。我們堅持主張，社交與情緒能力是成功學習的核心前提。」對於年幼兒童，我們需要特別關注他們的情緒層面，例如他們如何進入某個學習情境（帶著怎樣的態度與情感）、如何應付其他的小孩與大人、是否開朗、好奇、充滿自信、是否具有主動性與毅力、如何克服各種負擔、是否能夠主張自己的想法等等。麥爾強調：「就舒適、勝任與學習機會等方面，這些能力對兒童具有直接的重要性。」

透過觀察表，幼兒園教師了解他們在日常生活中能怎樣幫助孩子，如協助他們應付負擔與壓力。萬一某個孩子由於不安和緊張經常說肚子疼，老師不妨問他：你可以做什麼讓自己的身體好過一點？你是否想要安靜地休息一下？或者，你是否想去外面多走走？藉由這樣的激勵，孩子就能學到自己其實也可以解決某些問題。這讓孩子感到驕傲，進而變得堅強。

除了「幼兒園生活正向發展暨韌性」計畫，德國各地也陸續發展出一些計畫，有系統地強化兒童韌性。除了與某位支持者的穩定關係以及家庭以外的社會支持之外，諸如自信、控制情緒與行為能力以及自我調節能力等，都是增進韌性的主要因素。因此，相關計畫的基本主題都包括自我認識、調節憤怒、自我控制、自我效能、社交能力、移情能力、區別情感、處理壓力、解決問題以及正面看待自己等面向。

對於這些計畫，勒舍抱持樂觀其成的態度。其中較為著名的有海德堡大學的「沒有拳腳相向」暴力防制計畫、「德國兒童保護協會」的「強韌的父母—強韌的子女」計畫，以及由勒舍的研究所發展出的「家庭中的培育：父母與子女的訓練」計畫等。在這個計畫裡，根據不同的年齡分組，參與者會被授與不同的課程。

恩尼與伯特擔任主持人

在幼童組，芝麻街的布偶恩尼與伯特負責主持衝突學習，包括角色扮演、問答時間與行動劇等單元。這些活動要傳遞的主要訊息就是：「我有能力解決問題！」

在一張圖片裡，兩名兒童同在一座溜滑梯上。其中一位兒童想要往下滑，可是下方的兒童卻執拗地坐著不動。在上方久候多時已經有點不耐煩的兒童不禁自問：「現在我該怎麼辦？」他可以說：「我乾脆就這麼滑下去吧！如果下面那個傢伙不趕快跳開，我就一腳踩到他背上。」

可是如此一來，會發生什麼事呢？

在「我有能力解決問題！」課程裡，學齡前兒童會學著去思考與陳述，自己在日常生活中可能遇到的難題。他們會從中學著認識自己的情感，還有別人的情感。「萬一下面的人不肯起身，我會發生什麼事？」另一方面，「這時下面的人會有什麼感覺？」這涉及到理解其他兒童行為背後隱藏的意涵。「基本上，不繼續玩卻蹲在那裡並不好玩。他之所以這麼做，也許是因為身體不舒服吧。」

兒童會被詢問：「如果你不管三七二十一就硬往下滑，接下來會發生什麼事？」「也許對方會嚎啕大哭。也許對方會氣得動手打我。到最後我們就會哭成一團。」接著不妨讓孩子自己思索一下別的解答，並想想這些解答是否是好點子。「我可以先不往下滑，跟對方說：『鋪點沙子在溜滑梯上，這樣會滑得比較快！』或是告訴對方：『你上來，我們一起溜下去！』」

在小學生方面，進行的方式也大同小異。他們會接受根據交通號誌原則研擬的「解決問題訓練」。交通號誌會先亮紅燈。這代表，第一步先大聲地對自己說「停！」，深呼吸，並且告訴自己，現在的問題到底是什麼，自己面對難題又有什麼感想。接著交通號誌會切換成黃燈。這代表，自己應該擬定一套對策，在這種情況下能做些什麼？接下來會發生什麼事？擬定的對策有用嗎？這時交通號誌亮起綠燈。這代表，放手去做吧！嘗試一下自己最棒的點子！最後，再回過頭來問問自己，自己想出的對策是否發揮效果？

這個計畫在幼兒園進行兩年後，團體裡的行為問題平均減少一半左右。更確切地來說，受過訓練的兒童中，喜歡打架、鬧事的比例從原本的九．二％降到四．四％。勒舍承認：「這種韌性計畫對於在社會行為方面有顯著問題的兒童最有助益。」

勒舍主張，父母也應該一同參與訓練，成效會更加卓著。父母會被教導如何設限，學習如何適當獎勵子女以及強化子女的正向行為模式、如何具有建設性地與子女交談、如何借助獎勵、讚美和鼓舞讓子女成為可以適應社會的人。蘇黎世的教育學家塞勒強調，這當中同樣涉及到父母如何強化自己的自信，以及增進自己為人父母的能力。

每個孩子都有天賦

這一切其實建立在「每個孩子都具有特殊的資質與能力」這個信念上。它們需要被發現與強化。

兒童暨青少年心理學家格奧爾格．柯爾曼（Georg Kormann）強調：「這是增進韌性的核心原則。」只不過，我們必須保持嚴謹的態度。因社會環境的不同，某些可以增進韌性的因素也可能在個案中造成負面影響。對於在貧困環境裡長大的青少年，較為嚴格的教育往往可以保護他們免於行為偏差及逞兇鬥狠。對於父母心理較不穩定的青少年，同樣的教育方式就不適用在他們身上。

法蘭克福的治療教育學家芬格勒表示：「每個因素都可能帶來好與壞的影響。」喜歡逞兇鬥狠的青少年往往具有極為顯著的自我價值感，繼續強化他們的自信恐怕不是什麼好主意。相反地，膽小且害羞的孩子鮮少會違法犯紀、逞兇鬥狠。所以有時，膽小也可以是一種保護因素。

此外，透過談論自己的情感來解決衝突，也並非總是好主意。芬格勒表示：「對於中產階級，這或許是個好方法。」可是在社會底層，這一套就不管用了。在那裡，誇誇其談自己的多愁善感，只會換來別人一頓痛毆。因此，出身於這種環境裡的兒童與青少年，最好沒有學院派的教育家或老師介入，彼此互相訓練。這背後隱藏了「同儕和諧文化」（positive peer culture）這項觀念。

教育學家羅爾夫·葛培爾（Rolf Göppel）曾在《老師、學生與衝突》（*Lehrer, Schüler und Konflikte*）一書裡寫道：韌性涉及的是「兒童只是受外在影響的被動產物」的相反觀念。更確切來說，韌性其實涉及到的是，兒童與青少年也能自己培養主動性，能自己解決自己的難題、形塑自己的人生。

不過，塞勒強調，兒童並無法長期僅憑一己之力增強自己的韌性，「因為兒童比成人更強烈地依存於自己的生活環境，基於這個緣故，他們更需要依靠支持他們的網絡。」

教育工作者的目標

柯爾曼表示，教育工作者都應該致力於，「讓兒童能夠贏得對自己能力的信任，體驗到自己是充滿價值的，並且讓他們得以透過自己的行為實現某些改變。」

— 如果能讓兒童提早參與決定某些重要的事情，他們就可以在參與過程中，培養出自我效能感以及自己的人生由自己掌握的感覺。

— 如果能讓兒童負起一些可以增加韌性的責任，例如擔任為低年級小朋友服務的義工，或是在上課前先讓教室通風，他們就可以贏得對自己能力的信任，並且學著自動自主。

— 如果能讓兒童在早期發展階段裡經驗到，萬一自己遇到難題，可以向父母或其他人求助，他們便能從中學到日後遭遇逆境時，不妨同樣尋求各種社會支援。

— 如果能讓兒童盡早學到，觀察自己面臨的困境，思索自己的長處與優勢，萬一日後遇到難題，他們比較不容易感受到不安與壓力。

——如果能讓兒童體驗到，自己其實可以針對問題好好地與他人溝通，並且共同攜手將衝突化解，他們日後便能臨事不懼，勇於尋求解答。

——如果兒童能在獲得協助的情況下，認識並實現自己的需求，而且被允許提早參與某些事情的決定，他們便可以在自己的人生裡發現某種意義。

綜上所述，柯爾曼表示，我們需要的學校及教育機構是「可以激勵兒童的能力並且賦予他們對人生的信念」。

3. 媽媽究竟有多需要孩子？

幼兒需要母親，
可是不必總是與母親膩在一起。
托兒所不僅有益於兒童的行為，
更有益於兒童的心理發展。
父母不應那麼害怕
在教育子女上犯了什麼錯。

萊娜早已習慣異樣的眼神。這位慕尼黑聖德林區托兒所導師很感嘆地表示，每當她帶著班上的小朋友搭乘六號車，總會有些充滿愛心的乘客用遺憾的口吻說：「年紀這麼小就要上幼兒園！」子女年滿三歲之前都該由母親照顧，這種想法在德國依然盛行。世界上幾乎沒有哪個國家像德國這樣，如果母親在子女三歲之前就將他們託付給別人照料，母親自己便會深感內疚。二〇〇六年，由「歐盟民調處」做的一份調查報告指出，德西地區仍有六〇％的人同意「如果母親是職業婦女，學齡前兒童可能會深受其害」這樣的說法。這種觀念同樣反映在母親的實際行為上。在德國，子女年齡小於五歲的母親中，只有四十四%在工作，這樣的比例在整個歐盟敬陪末座。

這樣的擔憂真的有理由嗎？「不」，心理學教授史蒂芬妮・耀爾許（Stefanie Jaursch）表示，所有與托兒所兒童身心健康有關的最新科學研究都顯示，「在『母親就業』這個議題方面的政治口水，基於意識形態多過於基於事實。」

二〇一〇年，多位美國心理學家將過去五十年托兒研究相關文獻做了總整理。重新仔細檢視一九六〇至二〇一〇年的六十九份相關研究後，發展心理學家瑞秋・盧卡斯—湯普森（Rachel Lucas-Thompson）總結：「母親在他們年滿三歲之前就返回職場的兒童，日後並不會比有全職媽媽照顧的兒童更容易在課業與行為方面出問題。」這些研究中有不少並非短期紀錄，某些甚至從童年一路追蹤到成年，「生產完後很快重返職場的母親，完全毋須擔心此舉會對子女的身心健康造成不良影響。」耐人尋味的是，總結所有資料後，居然得出一項具有統計說服力的差異：母親是職業婦女的兒童，甚至比母親是全職家庭主婦的兒童更少有心理方面的問題。前者更少為自我懷疑、憂鬱症或恐慌症所苦。

托兒議題方面雖在德國引起熱烈討論，但長久以來始終存在一個問題，那就是欠缺針對兒童秉性的長期追蹤研究。數年前，耀爾許與勒舍打算改變。他們花了六年時間，詢問來自艾爾朗根與紐倫堡的六六〇位學齡前兒童的老師與母親，同時也探查這些母親是否在子女還十分年幼時就回到職場。他們故意讓多位成人分別回答近五十個與孩子秉性有關的問題，希望藉此防止「社會期待效應」，避免投入職場的母親刻意掩飾子女在行為方面的問題，或老師過度渲染這方面的問題。

勒舍強調，研究結果（所有環節都禁得起考驗）很清楚顯示，「母親的就業與子女的行為偏差之間根本沒有關聯。」無論母親是在生產後不久、抑或在子女上小學後才重返職場，或是母親的工作究竟是全天班還是半天，完全沒有任何影響。

媽媽，放輕鬆！

「艾爾朗根研究」得出的結果與美國相關研究相符，同時也和德國托兒研究的女泰斗，來自杜林根的莉斯洛特．阿聶特（Lieselotte Ahnert）做的相關研究一致。數十年來，這位發展心理學家致力於研究公共托嬰對幼兒心靈有何影響。她從研究中得出一項原則，並且樂意一再強調，那就是：「媽媽們，放輕鬆！」養兒育女其實不必盡善盡美。阿聶特表示，迄今仍有許多人認為，子女出生後的最初兩到三年裡，母親的一舉一動都會不可逆轉地奠定孩子日後所有的基礎。實情並非如此。母親們真的不必奉行「日日夜夜、寸步不離地守護好自己子女」這種教條。

大多數人都認為，母親陪伴年幼的子女在家中成長是理所當然的，母親與幼兒是彼此相屬的。阿聶特認為，在幼兒教育方面，這點不容易下定論，從世界上某些原始民族就能看出。像是喀拉哈里（Kalahari）的昆人（Kung），子女出生後的最初三年，母親幾乎無時無刻不將他們帶在自己身邊，母親與子女處於近乎共生的狀態。另一種極端例子則是中非的艾維族（Ewe），他們把自己的嬰兒不斷交給別人帶。每個艾維族的寶寶平均擁有十四個保母，其中有些甚至會幫寶寶哺乳。有時幼兒一天只有不到五分之一的時間待在親生母親身邊。

美國演化生物學家賈德．戴蒙（Jared Diamond）曾經語帶諷刺地表示，唯有在剛出生後的最初數年裡一直牢牢黏著自己的母親，兒童才能獲得良好發展，這種觀點簡直就是無稽之談，「果真如此，這世上或許只有富裕工業國家的家庭主婦生的小孩，是唯一而且最正常的人。」即使在這些國家，一百多年前，幼兒也是在由姑姑、叔叔與其他親朋好友組成的網絡中被帶大。

品質也不能等量齊觀。教育學家與發展心理學家一致強調，這點同樣適用於母親與子女的關係。重點並不在於父母與子女必須相處得特別久，而是他們彼此如何相處。就母親與子女一起遊戲的頻率以及共同度過的時間而言，職業婦女與全職媽媽幾乎是不相上下。這點已由許多相關研究獲得證實。

讓孩子提早與世界接觸

對於那些無法享受母親全天候照顧的兒童，將更有機會從托兒所獲益。相較於全職媽媽照顧的兒童，母親投身職場的兒童較不會具有攻擊性或過於膽小。湯普森同樣發現此點。她指出，提早與家庭以外的世界接觸，讓單親或低收入戶家庭的兒童獲益良多。對他們來說，上托兒所可說是種恩賜。

因此，許多專家學者都對俗稱「開伙津貼」的育兒津貼感到不以為然，因為此舉反倒讓社會底層的母親將子女留在家裡。事實上，日間托兒中心的專業育兒服務對於這樣的家庭特別重要。社會政策教授赫曼．薛爾（Hermann Scherl）認為：

「它能避免在日後發生諸如蹺課、難以融入職場甚或犯罪等不幸。」孩子不一定非得待在母親身邊才能有長進。

托兒所與幼兒園不僅有益於兒童的行為，更有益於兒童的心理發展。早在一九六二年，美國的教育學家便提出這個如今令許多德國家長以及政治人物憂心忡忡的問題：媽咪究竟有多需要孩子？當時美國的教育工作者先是針對三歲以上的幼童推動了「培瑞托兒所方案」，十年之後再針對三個月大以上的幼童進行「啟蒙計畫」。在這兩項計畫裡，來自社會底層的兒童被帶到日間托兒中心接受照顧。他們的進步情況被拿來與出身類似家庭可是卻待在家裡的兒童相互對照。

曾經參與「培瑞托兒所方案」的兒童如今已年屆五旬，無論在事業或收入方面，他們的成績都傲視當時待在母親身邊的鄰家兒童。他們不僅較少因作奸犯科而入獄，請領社會救濟金的人數也少一半，就連在健康方面，也比那些當時待在家裡由母親帶大的兒童更健康。

人生初期，刺激影響大

正是在人生的初期，刺激特別能夠發揮許多影響。如果大腦在幼年階段錯失發展良機，日後幾乎無法迎頭趕上。海德堡發展心理學家莎賓娜·保恩（Sabina Pauen）表示：「社會擔負著保證兒童有個好開始的重責大任。我們必須為孩子營造一個充滿激勵的環境。」這正是許多待在家裡的幼童缺乏的。在持續開著電視或沒有對話發生的地方，寶寶的大腦只能徒勞無功地渴望有益的輸入。

在曾經參與「啟蒙計畫」的寶寶身上，同樣可見幼兒教育對於智力的良好影響。研究人員追蹤這些參與計畫的幼兒直到二十一歲，其中，待過日間托兒中心的兒童，智力測驗的成績明顯優於待在家裡的兒童。到了中小學階段，他們在閱讀與算數方面的能力也比較好，日後就讀大專院校的比例同樣比較高。

這不僅適用於美國的中下階層，同樣也適用於德國的中下階層。瑞士「勞動暨社會政策研究辦公室」接受「貝爾特斯曼基金會」委託，針對一千多位一九九〇至一九九五年出生的兒童進行研究，得出這樣的結論：「幼兒教育對於孩子日後的教育之路具有顯著影響。」研究結果顯示，上過托兒所的孩子日後升上高中的比例，遠遠高過只待在家或由保母帶大的孩子。在所有高中畢業班學生中，五〇％是曾經上過托兒所的孩子，在家裡長大的孩子只占三十六％。而上過托兒所的孩子的升學情形，與他們的父母或許有較多人曾經參加過高中畢業考完全無關。

對於幼兒與父母而言，上托兒所是相當值得的。把錢花在（優良的）托兒所，是項極有意義的投資，即使是冷酷的經濟學家也深有同感。二〇〇〇年，詹姆斯．赫克曼（James Heckman）便以得出上述結論的研究獲頒諾貝爾經濟學獎。赫克曼表示：「在這方面投資的每一塊錢，都可以有數倍的回饋。」上過托兒所的孩子不僅升學比例較高，日後的收入也較多，他們會以納稅或繳交社會保險金等方式，回饋給社會。受「貝爾特斯曼基金會」委託進行研究的學者計算出，國家會以這樣的方式獲得三倍於先前對托兒所投資的金額，因為此舉會為更高的學歷及收入更好的工作提早打下基礎。

不過，托兒所難道沒有缺點嗎？對於幼兒而言，與父母的關係對於心理抵抗力極為重要，如果兒童太早離開父母身邊，會造成什麼影響？難道家裡不是最好的地方嗎（如果母親能夠用盡全力細心照顧子女）？

阿聶特強調，這主要取決於照顧機構的品質。年幼的兒童特別需要一位細心、可靠的照顧者。這位照顧者並非母親莫屬。阿聶特表示：「太多來自母親的照料不是什麼好事。」滿週歲之後，「擴大與社會的接觸」可以促進幼兒的發展。幼兒應當朝這個世界跨出第一步，這樣他們才能脫離母親，進而創造各種屬於自己的經驗。托兒所不僅對於來自社會底層的兒童很有助益，發展心理學家保恩補充：「就連對於受到過度保護的兒童也一樣。」

保恩認為，上日間托育中心可以提供大多數兒童在家裡無法獲得的正向刺激。心理學家亞歷山大・葛羅伯（Alexander Grob）也表示：「孩子們可以認識不同的教育方式，學習適應團體生活，這些都是十分珍貴的經驗。」特別是對於家中的第一個孩子而言，托兒所對於訓練社交能力相當有益。

不過，葛羅伯強調，並非所有幼兒對於托兒所的反應都一樣。萬一某個孩子就是害怕其他孩子，或是面對團體紛擾，或與父母分離時總是哭鬧不休，此時或許由母親、父親或保母來帶這個孩子是較好的選擇。保恩也強調，父母應當敏銳地察覺子女的實際需求，不一定非得按照出生前既定的規劃，硬要孩子去托兒所。

目前尚無任何可信的研究指出上托兒所會帶來什麼壞處。反對托兒所的人總喜歡引用一九九一年，一項由「美國國家兒童健康暨人類發展研究所」進行的研究。研究人員追蹤上千名不同出身背景的兒童，觀察的內容包羅萬象，例如哪些兒童夜裡會尿床、哪些患有憂鬱症或經常會出現腹痛、哪些患有注意力不足過動症等等。在以上所有方面，上托兒所的幼兒完全正常。最重要的結果是，當他們回到家裡時，一切都過得很好。如果這些幼兒獲得父母的妥善照料，將會有很出色的發展，即使他們有很多時間是在保育員的照顧下度過。心理學教授麥克．蘭伯（Michael Lamb）表示：「無論如何，這些孩子並沒有論者經常指出的親子關係問題。」

短暫的叛逆行為並非警訊

不過，反對者還是喜歡擷取這項研究的部分成果，作為反對提早將母子分開的論據。這項結果乍看之下的確有點驚人：四、五歲大時，上托兒所的孩子會出現一種異常行為，他們顯然比待在家裡讓母親或保母照顧的孩子來得叛逆。

蘭伯強調：「異常行為並不必然是負面的。」這位發展心理學家表示，如果孩子敢於和老師或父母發生衝突，或許是因為他們比其他孩子來得有自信。耀爾許在艾爾朗根研究裡同樣發現這項微小效應。她表示：「這段微幅升高的叛逆期很快就會再度消逝。」人們不用把這樣的結果看成警訊，或許應該將它看成一種完全自然的過程，因為上托兒所的孩子經歷過較多與同齡者的團體過程，包括嘲笑、排斥與咒罵等等。待在家裡接受照料的兒童，一直要到上小學之後才會經歷這種過程。

無疑地，幼兒需要母親，可是他們不必總是與母親膩在一起。這是當代親子關係研究的結論。保恩表示，「責無旁貸的母親」這種神話早已被束之高閣。什麼對一個孩子是正常的，完全取決於父母的需求與決定。父母不應那麼害怕在教育子女上犯了什麼錯。發展暨人格心理學家葛羅伯表示：「兒童具有不可思議的容錯能力。」他們其實多多少少對於「凡事不可能盡善盡美」已有心理準備。「我們不妨想一想，在幼兒真正學會走之前，他們得跌倒多少次。他們包容了許多錯誤，包括身處的環境以及他們自己。」

因此，阿聶特語帶和解地表示：「孩子只在媽媽身邊長大，原則上也不是什麼壞事。」

PART

5

給成年人的韌性鍛鍊指南

在日常生活中，讓自己愈來愈強大

RESILIENZ

童年不是一切。我們可以在自己日後的人生裡培養心理抵抗力，因為人的個性並非不動如山。心理學家曾經認為青春期過後，或最晚過了三十歲，一個人的個性就不會再有多大的改變，也就是我們的核心性格特徵就此固定。如今學者有了不同看法。即使到了高齡，一個人還是可能發生本質上的改變，不過有個重要的前提：他必須自己有這樣的意願！

人格測驗顯示，較不具韌性的人特別具有改變能力。心理學家準備了一連串的行為指南，借它們之助，我們可以讓自己的心靈長出一點繭來。如果我們能夠對自己的優、缺點有清楚的認識，成效會更好。因此，大多數培養心理抵抗力的計畫，都是先從了解個人的強韌度開始。

不過，即使是自覺強韌的人也該明白，韌性並非終身保固。遭遇過種種巨大衝擊後，縱然心理再怎麼強韌，有朝一日還是有可能失去。心理抵抗力的高度取決於一個人的實際處境，可以妥善應付各種關係危機的人，在遭遇嚴重交通意外時未必就不會心靈受創；在失業時只是聳聳肩的人，或許會因自己罹癌而崩潰。

心理學家希望教導大家，如何有效地保持強韌，並一再將儲存槽填滿。其中最重要的，莫過於迎接挑戰，不要逃避。唯有不斷製造克服危機、解決難題的經驗，我們的韌性才能增長。畢竟，韌性不單只是人格特徵，還是一種因應困境的策略。我們要不斷重新試驗這套策略，根據實際情況進行調整，才能始終保持在受過訓練的狀態，萬一遇到前所未見的險阻，也才能靈活地利用。

另外，我們也不應盲目衝撞所有挑戰。量力而為不會有錯。我們不該一次開闢多個大型工地。如果私生活裡已經存在某個有待解決的困境（例如婚姻觸礁），最好別在此時又在職場引爆一場醞釀已久的衝突。畢竟，過度的壓力對心理抵抗力是巨大威脅。我們應當重新學習如何在人生中叫暫停、如何更加關懷生命與環境，並且回想一下，自己從前是如何忙裡偷閒。

1.只要你願意，你就能自我改變

確實有心改變自己的人，
的確可以讓自己的人格
產生某些改變，
即使進入高齡階段也一樣。
只不過，
先決條件是要有很大的動力。

他為何又再次陷入感情危機中？與上一位女友分手後，上個月還信誓旦旦說，從現在起要慢慢地、小心翼翼地處理這段新感情。言猶在耳，如今他又捲入麻煩，身陷一場嶄新、勁爆且棘手的情感風暴。為何這種事情總是只發生在他身上？他兄弟的情況大相逕庭。對於一位十分可愛的女性，他寧可遠觀欣賞，完全不會立刻想和對方交往。

為何我老是重覆犯錯？這個問題不僅讓這對兄弟陷入長考，同樣也在每個人心裡盤旋。究竟是為什麼，這兩兄弟中，其中一個老在感情問題上無助淪為情緒的玩物，另一個則由於強烈壓抑情感，以致幾乎找不到任何伴侶，也沒有感情困擾。在這當中，有多少可歸因於命運，又有多少應該歸因於他們自己？某個可愛的新生兒將來變成肆無忌憚的投資銀行家，另一個則成為奔波於全球飢荒地區的人道主義者，這一切又是否早已注定？

或許所有人一輩子都在思索這個問題。我們都想知道，對於我們的人格發展、我們的成功與失敗，哪些因素是重要的。如果我們的行為模式剛好失靈，或是正對自己感到不滿，這個問題更顯急迫。我們也不禁要問（多年來，人格心理學家一直努力探索這個問題）：人真的會變嗎？

一切不能單單歸因於基因

上述這對兄弟打從出娘胎起，就是那副德行。他們一個喜歡被抱在手上享受撫摸，另一個喜歡自己躺在搖籃裡不讓別人觸碰。這個基本的接觸需求，多年來並沒有任何改變，即使他們長大成人之後依然如故。一個仍舊外向、活潑、充滿雄心，另一個則仍舊低調、安靜。韌性專家列普特表示：「早在嬰兒時期，人們就可以看出嬰兒之間的個性差異。某些寶寶膽小、害羞，某些寶寶則明顯情緒穩定。」如同大多數致力於研究人格因素的專家學者，列普特也相信：「存在著一個與生俱來的核心。」

人們或許認為，我們該是什麼就是什麼。長久以來，心理學家與精神病學家相信，早在幼年時期，一個人的人格就會被自己的個性固定。佛洛伊德強調幼年時期的重要性，則更進一步強化這個觀念。在現代基因研究草創之初，這樣的說法幾乎牢不可破。如今人們明白，縱使一個寶寶的個性表露無遺，而且基本特質直到成年依然保持，可是一切並不能單單歸因於他的基因。事實上，基因只是一個可以讓人上去表演的舞台（參閱第一七三頁）。

在同學會上見到久違的老同學，人們很少會因同學個性上的變化嚇一大跳，因為年輕人的人格受到許多外在因素所形塑。父母、親戚與朋友會不斷將一個孩子的角色固定成剛毅木訥或長袖善舞的人。隨著孩子年齡漸長，他則會透過職業及朋友來進一步打造自己的世界，藉以維持自己的個性受歡迎的表象。畢竟，如果一個人認為自己知道自己是誰、是怎麼樣的人，便會給人安全感。

特質往往會藉此獲得強化。發展心理學家維納強調，聰明的人多半會去尋找刺激，並且透過這樣的方式繼續增進心智能力。害羞的人不會大方地迎向他人，長此以往，面對陌生人會讓他們更為膽怯，久而久之，自然就會更喜歡獨自待在家裡。

人格的五個面向

當一個人長大成人，且諸如基因、養育和教育等因素都在他身上留下痕跡，我們是否能夠預測，在特定的處境裡這個人會做出什麼反應？不僅公司老闆想知道，每個對自己行為感興趣的人也想要了解。早自數十年前起，心理學家便嘗試研擬可以預測一個人反應的心理測驗。

這類嘗試始於第一次世界大戰期間的美國軍方。當時許多將領想要盡可能挑選出可靠、無懼且心理穩定的士兵去完成艱鉅任務。不過結果卻不符美國軍方預期，挑選出心理不穩定的機要人員或拔擢出精神疾病患者時有所聞。

隨著時間流逝，大家不禁開始懷疑，人格測驗是否真能對一個人做出可靠的陳述？知道竅門的受試者，難道不能輕輕鬆鬆操縱測驗的結果？一九六〇與一九七〇年代，學術圈的氛圍甚至讓人懷疑，到底有沒有穩定的人格特徵？人的行為難道不是明顯取決於實際情況嗎？如果所有條件都是具有社會性的、且是公平的，難道每個人不會有各種發展可能？

這樣的爭議近來已告平息。幾乎再無專家懷疑，個性在某種程度上是已經固定的，所以可以針對某個人在某些條件下會有什麼反應，做出確實可靠的預測。許多學者也的確成功發展出具有說服力的人格測驗。

人格在本質上可以歸結為五種面向，亦即「五大人格特質」（**Big Five personality traits**），分別為「經驗開放性」、「認真嚴謹性」、「外向性」、「和善性」以及「神經質」。（參閱第二五七頁）

這五種人格面向決定了一個人的本質，它們完全不受問卷方式、統計方法，及受測者身處的文化環境所影響。一九八〇年代中期，美國心理學家保羅・柯斯塔（**Paul Costa**）與羅伯・麥克雷（**Robert McCrae**）首次在「**NEO**五大特質人格量表」（**NEO-FFI**）——註裡總結這五大人格特質。

這五大人格特質並不會輕易受到一個人的生活方式影響，環境與基因的影響則大約各占一半。在受基因影響的排名中，經驗開放性以五十七％的遺傳性獨占鰲頭，外向性、認真嚴謹性、神經質與和善性受基因影響的比例則分別為五十四％、四十九％、四十八％與四十二％。

當我們在描述自己或他人時，使用的絕不僅止於這五個詞彙，不過那些詞彙最後都能歸入這五種本質性的特徵中。事實上，五大人格特質的模型原本就根植於語言學。一九三〇年代，有兩位美國心理學家認為，由於人類的人格如此顯著，且對社會如此重要，因此每種語言必然會發展出相應的詞彙。他們鑽研兩本英文字典，從中找出一萬七千九百五十三個用來描述人格的詞彙，並將這份龐大的清單濃縮成四千五百零四個形容詞。後來，其他心理學家接手濃縮工作，最終將這些相關詞彙歸結成五大類。一九九〇年代起，五大人格特質的模型已廣為學術界接受。

註——「NEO」分別代表了「neuroticism」、「extraversion」、「openness」，「FFI」則是「五種因素清單」（Five-Factor Inventory）之意。

人格並非固定不動

在一個人的人生裡，五大人格特質並非始終不動如山。愈來愈多新研究證實了人們長久以來的懷疑：即使是年長者，還是可能會改變，如同狄更斯《聖誕頌歌》裡的守財奴史古基。發展心理學家維納．葛瑞夫（Werner Greve）表示：「人格發展是不會畫下句點的。」

幾年前的一項發現已證實，人類的大腦並不像神經科學家長久以來認為的完全靜止。人們曾經認為，只要一個人長大成人，大腦裡就不會再形成新的連結。這樣的觀念再也站不住腳了。新的研究顯示，神經的可塑性會不斷維持著，直到晚年。大腦不僅會在遭逢前所未聞或未見的事物時形成突觸，甚至還會為了因應某個意外事故，而賦予所有區塊新任務。

二〇〇六年，雷根斯堡大學的伯格丹．德拉剛斯基（Bogdan Draganski）與阿爾聶．梅（Arne May）在實驗裡發現，在成年人身上，這種大腦改建過程有時會非常迅速完成。當醫學院學生為準備考試而將大量專業知識塞入腦中的數個月間，研究人員透過核磁共振造影數度觀察他們大腦，結果發現這期間，學生們大腦皮層裡的灰質顯著增加。

由此可知，當人格改變時，大腦裡的生物過程同樣不可或缺。德國人格發展方面權威阿森多夫表示：「一個人的個性大概三十歲起便趨於穩定。不過，五十歲起又會再繼續被形塑，而且之後可能再度改變。」美國心理學家布蘭特．羅伯茲（Brent Roberts）與溫蒂．狄維喬（Wendy DelVecchio）二〇〇〇年分析了包含三萬五千位受試者在內的一百五十多份報告，得出一個結論：人生過程中，五大人格特質也會隨之改變。三年之後，這項結論獲得了一項包含十三萬名參與者在內的研究證實。

不過，不同的人格特徵在人生過程中，會呈現出不同的靜止狀態。隨著年齡增長，一個人顯然會變得更可靠且更善於交際，因此年長者的經驗開放性便會降低。唯有神經質這項特質，會歷經數十年牢牢地固定在一個人的本質上。

人格的改變是環境與文化的影響，或某種生物的成熟計畫？五大人格特質學說的先驅柯斯塔與麥克雷認為是後者：「這也許是演化過程的發展，因為有益於培育下一代。」打算養兒育女的人，最後必然會變得更可靠、變得比先前只需要照顧自己時更無私。因此，某些五大人格特質的改變，說穿了，其實只是某種「成年」。

柯斯塔與麥克雷指出，人們從未觀察到環境對五大人格特質造成影響，不過倒是在猴子身上觀察到個性會隨著年齡改變的類似趨勢。

智商也會改變

那麼，「神經質」是變化最少的特質嗎？就心理治療而言，這個問題的答案似乎不是很樂觀。不過，未來或許會有所改變，因為學者也曾經認為，在我們每個年齡階段裡，都能測得同樣的智商（與五大人格特質裡的經驗開放性有關）。也就是如果兒童階段已具有一四〇的智商，長大成人後還是會維持同樣數值。

如今早已不再抱持這樣的觀點。二〇一一年，以凱西．普萊士（Cathy Price）為首的一群英國神經科學家率先指出，至少在青春期，智商還會發生顯著變化。他們先測定了三十三位十二到十六歲青少年的智商。四年後，又對同一批青少年進行測驗。對於前後的巨大差異，連學者都感到十分驚訝。某些受試者的智商突然暴增將近二十，另一些受試者則暴跌了類似的數值。發生將近二十的偏差，這在智商來說是十分巨大的。一般來說，普通人的智商約為一百左右，智能障礙者約為七十左右，智商高於一三〇的人則是天資聰穎。

為了確認自己的研究結果，這群英國學者借助核磁共振造影做了進一步檢驗。結果顯示，在智力測驗的語言理解方面成績提升的受試者，大腦中負責語言智力的部位出現灰質增長；在圖像及計算方面成績提升的受試者，大腦中負責非語言智力的部位灰質也增長了。

普萊士表示：「一個人的智力顯然會在青春期上升或下降。」原因或許是某些青少年較早發育，其他則較晚發育。較晚對自己的智力進行訓練的人，會較晚在智力方面取得訓練成果，這與訓練身體相同。只不過，成年後是否還能有大幅度的增長，普萊士迄今尚無法解答。

綜上所述，確實有心改變自己的人，的確可以讓自己的人格產生某些改變，即使進入高齡也一樣。只不過，先決條件是要有很大的動力。在違背自己的本意下，一個人是不可能有所改變的。關於這點，父母從「想要憑藉自己的權威，讓子女變得更可靠或更勇敢」這件事情上必有所體會。心理學家葛瑞夫表示，改變動力多半來自於巨大的危機或幸運，無論如何，一定是一件影響深遠、會讓人走上新道路的大事件，有可能是離婚、遷居到別的城市，也可能是某個很深刻的情緒經驗。「如果我們的動能改變，我們也會跟著改變。」一輩子都沒有任何改變的人，或許只是缺乏動力，也或許只是因為他們一直很滿意自己。

五大人格特質

——神經質（neuroticism）：

具有這種特質的人，經常且長期感受到恐懼、焦躁、哀傷、緊張、困窘與不安。整體來說，這樣的人比較會擔心自己的健康，有幻想的傾向，而且容易在困境中感到壓力重重。

較不具這種特質的人，則傾向於穩重、輕鬆、滿意與平靜。他們較少有不適的感覺，可是不一定較常有正面情緒。

——外向性（extraversion）：

外向的人熱情、活潑、樂觀。與他人相處時，他們善於社交、健談、主動，且樂於接受刺激。

內向的人比較矜持甚或冷淡。他們較為安靜與獨立，並且喜歡獨處。

——**經驗開放性**（**openness to experience**）：

較具開放性的人喜歡蒐集新經驗，會因新印象、改變或體驗而高興。他們往往很聰明，有許多幻想，會強烈感受到自己的情緒。他們富有求知慾，喜歡探索，對許多事物興趣盎然。他們喜歡獨立做判斷，樂於嘗試新事物，會對各種社會規範追根究柢。

較不具開放性的人較為保守、拘謹，比較不會強烈感受到自己的情緒。他們比較客觀、務實，往往過著一種安土重遷的生活。

和善性（agreeableness）：

較和善的人往往非常社會化，比較會同情和諒解他人，看重信任與團結，多半樂於助人，而且心地善良、容易商量。

較不和善的人比較自我中心，多半對他人抱持懷疑、不信任的態度，喜歡以競爭代替合作。多愁善感對他們而言是很陌生的。

認真嚴謹性（conscientiousness）：

較認真嚴謹的人會小心翼翼計畫自己的行為。他們重視組織、目標和效率，會為自己的行為負責，證明自己是可靠、有紀律的人。然而，盡責性非常高的人也有可能趨於迂腐。

較不認真嚴謹的人做事比較隨性，沒那麼謹慎、細心。他們比較輕浮、不穩定，甚至偶爾會被認為亂七八糟。

2.透過鍛鍊，讓自己更強韌

人們需要樂觀者的思考方式，能夠接受遭遇的厄運，同時堅信厄運很快就會過去，較不容易罹患憂鬱症，還有能力改變處境，讓自己增強抵抗力。

在寒冬中，我領略到了，在我心中有個無法戰勝的夏天。

阿貝特．卡謬（Albert Camus）

心理抵抗力多半很早形成。如果一個人在幼年時期已經獲得心理抵抗力的相關特質與能力，應該對此心懷感激，不僅應該感謝自己進取的性格、樂觀的態度、穩定的關係，還應該感謝懂得尋求協助、看見自己生命中的美好以及失敗時不會一直自責的能力。

然而，如果一個人到了二、三十歲，或更年長時突然意識到，自己比別人來得敏感，例如很難承受就這麼與朋友斷交，他還是可以強化自己的韌性。即使年過三十，每個人還是可以積極增進自己的心理抵抗力，而較不具韌性的人甚至比較具韌性的人更有潛力。

具有韌性的人不僅在心理方面比較穩定，在許多人格特質方面也一樣。這一點已從針對幼兒園兒童做的研究獲得證實。幼兒園老師先在受試兒童四歲與六歲大時對他們的個性進行評估。到了十歲大時，輪到父母為子女再做一次評估。研究結果顯示出清楚的關聯性：被成人評估為較具韌性的兒童改變特別少。韌性專家列普特表示：「原因可能很多。」其中之一是，韌性與穩定的人格往往具有相同的成因。在穩定環境中成長的孩子會具有較穩定的人格，因而也較容易發展出高度的韌性。

韌性或許也會促使一個人的人格長年維持穩定，因為心理強韌的兒童可以妥善適應環境的改變，容易在變動中為自己找到新的安身立命之處。列普特表示：「具有韌性的兒童較能掌控自己身處的環境。」如果某位自己喜歡的老師離職，較具韌性的兒童比較容易與新來的老師建立關係。「人們以這樣的方式自行創造出一個穩定的環境，穩定的環境又會進一步造就穩定的人格。」由於具有韌性的人在遭遇挫折、失敗與危機時，會比心理抵抗力較弱的人更能妥善因應，因此也較沒有機會改變自己。

缺乏韌性的人改變潛力更大

相反地，對於較不具韌性的人而言，明顯需要找到一個應對人生沉重打擊的新方法。這些情況正是他們的發展機會。列普特表示：「人們可以學習韌性。」兒童暨青少年心理學家柯爾曼附和這樣的看法。韌性的培養雖然在出生後的十年最有成效，不過他強調：「基本上，在人生任何階段都可以訓練心理抵抗力，就連長大成人後也不例外。其中有個重要的面向就是，借鏡具有韌性的人，從他們應付人生危機的行為學習如何增強韌性。」

柯爾曼認為，我們可以將具有韌性的人比喻成拳擊手，「他在比賽中不幸被擊倒在地，在裁判的讀數聲中，他會慢慢地再度起身，並在接下來的比賽徹底改變戰術。」而較缺乏韌性的人則一如既往，並且一再重蹈覆轍。「不具心理抵抗力的人會犯兩個根本錯誤。一是他們會抱怨自己的悲慘命運，如此一來只讓事情變得更糟。二是他們會將所有注意力放在問題上，卻不去思考如何解決問題，這反倒助長危機。」

長久以來，專家學者一直努力鑽研，韌性會如何改變，及改變程度有多大。目前這方面最大型的研究計畫由美國政府所推動。由於美國過去幾十年間於世界各地進行許多艱困戰爭，造成大批心靈嚴重受創的退伍軍人，他們不僅代表著人身的苦痛，同時也代表每年數百萬美元的醫療花費。

無論是越戰，或伊拉克、阿富汗戰爭之後，許多從戰場返鄉的退伍軍人再也無法正常度日。在越戰這場特別可怕的戰爭裡，三分之一的倖存者即是如此。出兵伊拉克與阿富汗（這兩場戰爭較少發生肉搏戰，戰事多半在裝甲車或電腦旁進行，死亡人數也相對少），同樣也有一七％的士兵帶著受創的心靈返鄉。韌性專家伯納諾帶領的工作小組，進行一項為期超過十一年的長期研究。這些士兵被派遣到海外之前都先做過心理測驗，返鄉後，有七％的人由於傷害過大，被確診為罹患PTSD。二〇一〇年，統計出的準確數字為一萬零七百五十六位美軍士兵。

美軍的韌性強化計畫

二〇〇九年十月，美國軍方決定進行一項大型的「全方位士兵強健計畫」，並挹注一億兩千五百萬美元。超過一百萬名士兵參與這項計畫，希望藉此讓自己的心靈免於受創。美國軍方無意從戰爭中撤離，但希望士兵在歷經長達數月的恐怖威脅與攻擊所造成的心理負擔後，盡可能心理安然無恙地返回故里。四星上將喬治．凱西（George Casey；至二〇一一年四月擔任美軍參謀總長）曾於計畫正式展開時表示：「我想打造一支心理與身體同樣強健的軍隊，而心理強健的關鍵就在韌性。」從那時起，美軍便開始進行韌性的訓練與測量。

這項計畫的幕後推手是心理學家塞利格曼。他不僅於一九六〇年代借助電擊實驗，在狗的身上發現並定義了「習得的無助」（參閱第九八頁），同時也是正向心理學的奠基者之一。塞利格曼一九九八年出任「美國心理學會」主席的就職演說中曾語出驚人地說，心理學將從疾病的科學轉變成健康的科學。

這位出生於一九四二年的心理學家認為，心理抵抗力的關鍵在於樂觀。光是開朗、積極、熱愛生命的態度尚不足以創造韌性，不會讓自己被打敗的信心比其他特質更能讓心靈變得強韌。這是他從「習得的無助」實驗中不肯放棄的受試者身上見證到的。

一九七五年，塞利格曼與同事唐納．裕人（Donald Hiroto）重新進行「習得的無助」實驗，只不過這回受試對象變成了人。他們當然不是把電擊施於人身上，而是要求受試者在持續的噪音干擾中保持專心。第一組受試者可以藉由按下一個按鈕停止噪音的干擾，第二組受試者則沒有這種「福利」。

第二天，所有受試者再次被置於類似的嘈雜情境裡。不過這一回，所有人都可以關掉噪音。他們只要將手移動個幾公分，並且按下一個按鈕即可。第一組人很快就發現這點，可是第二組的人卻多半什麼也不做。塞利格曼解釋：「他們已經變得被動，再也不想嘗試尋求解脫。」換言之，就連他們也「習得了無助」。

在無助的小組裡，並不是所有人反應都一樣。雖然在前一輪實驗有過不成功的嘗試，還是有三分之一的人願意再接再厲試試看，看看這一回按鈕究竟有沒有用。最讓塞利格曼關注的，莫過於這些不願放棄的人。到底這些人有什麼不尋常之處？他表示：「答案就是樂觀。」這些不屈不撓的人會把遭遇的挫折視為暫時的、可以改變的。他們會告訴自己：「困境很快就會過去」或「這不過就是出了點狀況，我可以使上一點力。」這些人會將厄運的原因歸給他人的行為，比較不會在自己身上鑽牛角尖，更堅信，自己的處境必然會好轉。

樂觀的練習

從那時起，塞利格曼開始教導無助者，樂觀的人是如何思考。人們需要樂觀者的思考方式，藉以讓自己在心理困境中擴增抵抗力。如果一個人能夠接受自己遭遇的厄運，同時堅信厄運很快就會過去，那麼他不僅比較不容易罹患ＰＴＳＤ或憂鬱症，還有能力對自己的處境做些改變。

參與「全方位士兵強健計畫」的美國士兵每年都會填寫一份線上問卷，調查他們的心理健康狀況。問卷裡包含一〇五項陳述，他們必須評估這些陳述與自己的現況有多相符。像是「在那些不安穩的時刻，我通常都會抱持最好的期待。」、「如果某件事可能會搞砸，那麼它就一定會搞砸。」測驗結果可以顯示出，受試士兵哪些方面心理強韌、哪些方面容易受傷。測驗結果會保密，以匿名方式送交參謀總部進行評估。

心理抵抗力不是處於最佳狀態的人可以請求專業協助，或是參加由塞利格曼設計的線上訓練，其中一項名為「獵取好素材」（To Hunt the Good Stuff），是樂觀的核心練習。這項練習並不困難。塞利格曼建議，每晚在就寢前寫下當天發生的三件好事。

士兵布萊安證實，這樣的練習相當管用。這位年輕人曾被派往阿富汗，他覺得待在那裡很可怕，因為他與弟兄們在當地並不受歡迎，村裡的小孩經常對他們丟石頭、吐口水。誠如布萊安在一份報告裡所述，這樣的練習確實讓他找到許多好事：「少數人邀請某人吃塊麵包、喝碗茶，抵過五十個人丟石頭並想把某人炸飛。」

部隊裡的培訓人員也是這項計畫的一部分。他們不再對已經深受打擊的士兵大呼小叫，而是賦予士兵正面人生觀。他們向士兵們解釋，所有人都會受傷，恐懼和哀傷是正常反應；他們也鼓勵士兵坦率說出自己的困難。士兵的座右銘就是，糟糕的日子在所難免，還是可以盡可能好好地去面對。美國軍方想以這種方式，逐漸擺脫陸戰隊「堅不可摧」的形象。

二〇一一年十二月，美國軍方提出「全方位士兵強健計畫」的第一份報告。這份報告分析八個戰鬥旅（各有數千名成員）的全部資料，其中有四個旅（一半）應用這套訓練計畫。美國軍方公布，十五個月後，受過訓練的部隊在韌性值上明顯高於其他部隊：士兵在情緒與社交的健康狀況獲得大幅改善，而且較少產生自我毀滅的想法。以心理學家保羅・萊斯特（Paul Lester）為代表的論者評論：「終於有全面性的科學證據可以證實，『全方位士兵強健計畫』確實能夠改善士兵的韌性與心理健康。」

士兵也很歡迎這項計畫，這讓計畫發起人喜出望外。軍方高層曾經擔心，「雄壯威武的士兵」會把韌性訓練看作「娘」、「婆婆媽媽」或「無病呻吟」，可是他們居然完全不這麼認為。在滿分五分的評價裡，士兵們平均給了這項計畫四・九分！其中半數甚至表示，這是軍方有史以來提供最棒的一項課程。不僅如此，這項訓練也幫助他們克服私生活方面遭遇的許多難題。

另一種聲音

不過軍隊以外，這項計畫卻掀起了強大的批評聲浪。二〇一二年五月，「道德心理學聯盟」的羅伊・艾德森（Roy Eidelson）與史蒂芬・索爾茲（**Stephen**

Soldz）公開指責，這項心理強健計畫納入的只是一般的、不太具有說服力的參數。事實上，他們早在一年前就曾經批評過軍方這項計畫缺乏科學性，許多重要的測量值（例如與PTSD、自殺念頭、憂鬱症及其他心理疾病有關的測量值）未被納入，而這項計畫的重大目標其實就是要防止這些心理疾病。因此最終還是無法證明，這樣的措施是否真有助於克服上戰場之類的困境。韌性專家伯納諾也曾語帶諷刺地評論：「這項計畫的目的只是要讓人變得更幸福、更健康。這與人們如何為確實讓人尿褲子的困境預做準備，完全是兩碼子事。在這類困境裡，人們會遭逢的壓力，你會希望這輩子別再遇上第二次。」

但對於那些不用上戰場，而是在日常生活中遭遇一些尋常不安或傷害的人來說，韌性訓練計畫（例如由塞利格曼設計的計畫）顯然很有助益。塞利格曼的強韌訓練經證實在兒童與青少年身上效果極佳。在與同事凱倫．萊維奇（Karen Reivich）及珍．吉爾漢（Jane Gillham）共同合作下，塞利格曼研擬了另一套「賓州韌性計畫」，施行於美國賓州的中小學，藉以防止罹患恐慌症或憂鬱症。他們成功地在學生身上喚起樂觀，參與計畫的學生鮮少出現恐慌症與憂鬱症的症狀。如今這套計畫也被成功應用在大專院校。

身兼哲學家與政治學家的艾美・查倫（Amy Challen）將「賓州韌性計畫」移植到英國中小學，她認為學生們必須認識，「我們在自己腦袋裡的自言自語」，並非總是現實的反映。他們必須明白，這些獨白其實是對情感的反應，一切都是情感本身在他們身上促成的，不過這些獨白也可以以完全不同的方式進行。「學生們被鼓勵去認識並質疑負面的看法。」遭逢厄運後，我們可以不要對自己說：「這種事一定還會不斷發生在我身上！」而改說：「這只是我一時倒楣罷了！」

學生必須了解，負面情緒何時會占上風，這時他們該如何拉開降落傘。他們會學到，一個人該如何增強自己的正面情感、如何才能讓自己放鬆，以及如何妥善地應付別人。查倫在總結這項韌性訓練計畫時表示：「它不僅幫助學童改善與同齡者及家庭成員的關係，提升學業成績，更讓他們對其他活動產生了興趣。」

個人長處的再強化練習

塞利格曼的信條是：以「補強」（Build what's strong）取代「改錯」（Fix what's wrong）。他的一項由五七七位受試者共同參與的研究指出，這個信條是有效的。心理學家要求部分參與者，在接下來一週，每晚記錄當天有些什麼好事（與「全方位士兵強健計畫」的其中一部分如出一轍。）在對照組這邊，受試者只被要求記錄下當天的個人經歷，正面經歷一事則完全未提及。訓練結束六個月之後，經過追蹤調查，那些在晚間只記錄下當天所發生好事的受試者，確實比對照組更為樂觀，也較少出現憂鬱症症狀。

另一項方法同樣成效卓著。受試者借助一項線上問卷，認識自己最突出的五項長處。在後續一週，他們必須每天以全新方式利用這些長處，例如性格慷慨的人或許可以幫某個陌生人補繳路邊停車超時費用，讓陌生人免於受罰；性格有創意的人可以用比手畫腳的方式對伴侶說明今天晚上吃什麼；善於寬恕的人可以饒過自己一回；至於懂得享受生活樂趣的人，則不妨來個超瘋狂的打扮，或是讓自己重返童年時光，像個小孩在床上又叫又跳。

人格心理學教授威利巴爾德·魯赫（Willibald Ruch）仿照塞利格曼的構想發展出一套「蘇黎世強項計畫」，同樣看重長處的訓練。

研究中，受試者必須練習例如感恩，他們可以寫信給某位在自己人生中曾經扮演重要角色的人來進行練習。在對美的感受能力方面，受試者則可以在日常生活中，注意那些發出美的讚嘆（對人、物或特殊的表情或動作）的情境與瞬間。

魯赫表示：「訓練性格力可以讓人變得更幸福。」他做的一些相關研究同樣顯示，短短一週的訓練，效果就能長達六個月。只不過，每個人的訓練強項皆不同。魯赫表示，如果人們能夠想起自己的好奇、感恩、樂觀、幽默或熱情，並進一步強化，便可以得到最大的成效。

十種增加韌性的方法

美國心理學會以塞利格曼的計畫為基礎，發展出一項名為「通往韌性之路」的計畫，並透過網路——註提供給民眾利用。這十種增加心理抵抗力的方法分述如下：

——與社會接觸。與家人、朋友及其他人保持良好關係是很重要

註——網址為www.apa.org/helpcenter/road-resilience.aspx

的。請你接受那些來自關心者的支持與幫助，萬一這些人需要幫助時，你也該伸出援手。那些參與社團、宗教團體或政治團體的人，可以從中獲得強韌。

——別把危機視為無法解決的難題。即使發生一件我們自己無能為力的壞事，還是可以藉由對危機的詮釋與反應，改變它所造成的影響。請你想像一下，將來一切會再度好轉。請努力試著挖空心思想一想，萬一再次遇到這樣的不幸，下回哪些部分至少會比較順利。

——接受「改變是人生的一部分」。處在人生的逆境，某些目標會一時無法達成，請接受你無法改變的部分，並且將注意力聚焦在你可以改變的部分。

——嘗試達成目標。請為自己設定切合實際的目標，不要好高騖遠地夢想你根本無法達成的事情。請下定決心，並且有規律地做點什麼，即使那件事看起來微不足道，積少成多可以幫助你朝目標推進。

——果斷地行為。請盡自己所能克服困境，不要把頭埋進沙子裡，妄想困難很快就會過去。請採取主動，積極解決問題。

——找尋自己。請期待各種可以認識自己的機會。也許你會發現，自己從困境中獲得了成長。許多經歷過悲慘時光的人都在事後表明，自己不僅與他人建立更密切的關係，也覺得自己變得更強韌。縱然他們覺得自己受了傷，往往還是獲得更多的自我價值感，並且更加珍視自己的人生。

——以正面的觀點看待自己。請相信自己的直覺及解決問題的能力。

——關注未來。即使身處困境，請試著從長期著眼，以較大的格局去審視自己當前的處境。請不要將事態誇張。

——抱持最好的期待。請試著培養樂觀的態度，你才有能力抱持正面的預期。想想自己要的是什麼，不要去想自己怕的是什麼。

——照顧自己。請留心自己的需求和情感，做些自己感到有趣且可以讓自己放鬆的事。請規律運動。好好照顧自己，有助於強化可以克服困境的身體與心理。

我們建議再補一點：尋找精神寄託！許多相關研究結果顯示，如果人們相信某種更高的存在，比較容易度過人生的困境，無論你相信的是上帝、阿拉、耶和華、佛祖還是印度教的滿天神明。不必覺得自己得歸屬於哪個偉大的宗教流派。有人從「大自然是我的守護者」這種信念得到幫助。有人則在某些神秘信仰的團體裡找到自己的幸福，更有人在政治理念裡發現人生意義。能幫助人們克服人生困境的，或許是團體的能量以及「自己歸屬於某個大整體」的信念。

當然，我們不必非得完成上述全部十點，才能抵達韌性之路的目的地。事實上，就連為自己決定做什麼對自己有益，也是韌性。健康心理學家施瓦澤表示：「韌性是許多因素的結合。」在他看來最重要的，是為自己建立並維持良好的社會網絡。「我們最好不要讓日常生活太過具有衝突性。」他還建議人們，應該經常嘗試新事物，因為這能夠增強自我效能感。新事物不一定要十分複雜，學習烹調亞洲食物也不失為好點子，或者你也可以不斷練習倒車入庫直到完全熟練為止。

3. 接受壓力預防接種

心理健康方面，
人生中稍有不如意之人
會好過太順遂或太不順遂的人。
他們比較不會恐懼，
比較容易對自己和
生命的處境滿意。

為了有錢可以買點什麼，或為了負擔家計，有些美國明尼蘇達州的青少年就讀高中期間，必須辛苦工作。他們不像其他同學可以享受人生。當同學去運動、學習樂器，或與朋友結伴玩耍時，這些出身窮苦家庭的孩子卻必須在餐館或加油站打工。在課堂上，他們經常累到打瞌睡，他們無法從家裡得到經濟上的支援，面對種種青春期會遭遇的難題，也無法得到關懷與幫助。這些年輕人最後會變得比其他受到妥善呵護的同學更沒有自信，不僅常出現憂鬱症症狀，壓力等級也比較高。

然而十年之後，情況卻完全翻轉。當他們長大成人後，這些曾經最有壓力的青少年，反倒比出身於良好環境的年輕人更少有憂鬱情緒。美國心理學家傑瑞米．史塔夫（Jeremy Staff）與潔蘭．莫蒂默（Jeylan Mortimer）表示：「我們原本預期，那些很早就要自己工作賺錢的孩子，長期境況變得更糟。」因為他們花在當服務生的時間，別的孩子卻可以用來從事有助於身心發展的活動。此外，不必打工的青少年也不用承受那麼多壓力，以及種種他們尚未成熟到足以應付的惡劣體驗。

不過，離開校園以後，他們先前的工作經驗便化為韌性的泉源。他們宛如接受了抵抗謀生壓力的預防接種。

適量壓力讓人更頑強

壓力預防接種的觀念在韌性的研究裡日益重要。心理學家金—柯亨表示：「適量的壓力有助於增進韌性。它們會把人鍛鍊得頑強、堅韌。」只不過，壓力不能過大，「如果太多、太難，超過一個人所能負擔，不但不會有壓力預防接種的效果，反而造成不良的後果。」

這與真正的疫苗預防接種非常類似。醫師會先將少量的病原注入人體，讓人體事先練習如何應付這種疾病，避免突然遭受毀滅性的攻擊。萬一有朝一日果真發生嚴重病毒感染，身體也早已有所準備。如果疫苗裡含的病毒或細菌太少，預防接種可能完全無效；如果病原過多，又可能會引發疾病。金─柯亨表示，壓力預防接種的效果，「似乎是從如何有效克服困境的經驗而來」。

近年來，專家學者已在動物身上進行這種壓力預防接種的實驗。畢竟，我們只能蓄意將動物置於要進行評估的惡劣處境裡。像是被拿來做實驗的幾個月大的松鼠猴，因無法提出抗議，便一再被學者們從群體裡短時間帶離開。至於人類，學者們只能耐心觀察受試者在人生中有何遭遇，或是問問受試者從前曾經有過什麼遭遇。

行為學家大衛．萊昂斯（David Lyons）發現，此舉確實對小松鼠猴的心靈造成影響，結果卻完全不同於富有同情心的人設想的那樣。這些小松鼠猴一歲大時，研究人員將牠們移到另一個必須重新探索的保護區。過程中，一直享有母親照顧的松鼠猴明顯比曾於幾個月大時被迫獨處的松鼠猴更不安。後者比較能隨遇而安，不僅較能妥善融入新的生活環境，也較能享受自己的食物。研究人員發現，之前受過壓力預防接種的小松鼠猴的唾液裡，壓力荷爾蒙皮質醇的含量明顯較少。

人生有點逆境是好的！

雖說要在人類身上做實驗不太容易，但研究發現，人類的小孩情況似乎有些類似。教育心理學家馬克．梵．萊欽（Mark Van Ryzin）領導的研究團隊，曾經針對來自全球各地被美國父母收養的兒童進行研究。他們比較這些兒童以及一直與親生父母住在美國的兒童，在壓力反應上有何差異。他們還把被收養的兒童分成兩組。一組在人生初期經受過持續性壓力（曾有很長一段時間待在孤兒院），另一組則還在襁褓中已經被收養（在孤兒院裡待不到兩個月）。實驗進行時，所有參與兒童都已經滿十到十二歲。

萊欽從實驗中得到一項驚人發現：可以從這些兒童在壓力狀態下的皮質醇分泌量看出他們的命運。尚在襁褓中就被收養的兒童，壓力等級最低；始終備受呵護的美國兒童與曾經長時間待在孤兒院的兒童，則同樣容易陷於壓力狀態。

這結果如同一些其他研究所示，人生中有點逆境是好的，這點顯然同樣適用於成人身上。在心理健康方面，人生中稍有不如意的人會好過太順遂或太過不順遂的人。心理學家馬克．席利（Mark Seery）總結自己的研究時表示，這樣的人鮮少罹患PTSD，比較不會恐懼，而且比較容易對自己與當前處境滿意，「此外，遭逢過某種程度苦難的人，也比較不會受眼前面臨的壓力事件影響。」

人格心理學家阿森多夫同樣認為，「那些殺不死我們的，會讓我們變得更強大」，這個智慧之語日益獲得證實。「套用到現實生活裡，這句話的意思就是『別逃！』」換言之，「我們有時也得接受一下挑戰。」像是如果有人討厭在大庭廣眾前發言，覺得做做辦公室裡的例行事務愜意許多。倘若他受邀去做一場演講，阿森多夫建議，不妨欣然接受。在為演講準備時，他或許會十分懊悔。一直要到這件大事實際發生的幾分鐘之前才會釋懷。終於完成這場演講後，他很可能也獲得了「一切都很順利」的經驗。如此一來，他等於再次為自己的韌性打了一次預防針。

幸福U形曲線

事實上，無論我們是否願意，人生都會隨著時間推移，為每個人準備好一連串的壓力預防接種。就這點來說，還有一種非常簡單的方法可以增強自己的心理抵抗力，那就是變老！

最新的幸福研究率先提出證明，心理抵抗力並非完全獨立於幸福。當處在一個基本上感覺幸福的狀態裡，會比較容易走出厄運的打擊。每個人在青少年時期感受到的幸福特別大，在那之後，幸福感便會持續遞減。一直到四十五歲左右，幸福感日益消失，接著會讓人陷入惡名昭彰的「中年危機」。不過，希望總會存在。大約過了五十歲以後，渡過「中年危機」的低點，大多數人的幸福感又會反過頭來持續增長，之後便如神經科學家夏洛特所言，會一路增長到臨死前，「從瑞士到厄瓜多爾，從羅馬尼亞到中國，全球各地都能觀察到這樣的現象。」唯一的差異就只是，低點何時到來。在德國人身上，這個低點平均出現在四十二．九歲。在英國人身上，這個低點則在三十五．八歲。義大利人則享有較長的滿意年限，因為他們的低點平均要到六十四．二歲才會出現。有些人甚至不會經歷這樣的低點。

專家學者們已蒐集不少與幸福U形曲線有關的資料。不過，這種現象究竟從何而來？是因為人生到了三、四十歲，一方面要打拚事業、一方面又要照顧小孩，所以倍感辛苦？夏洛特表示：「原因並非如此。」因為幸福U形曲線同樣適用於那些沒有子女的人，也和教育程度、收入、婚姻關係無關。靈長目動物學家亞歷山大．懷斯（Alexander Weiss）補充道：「這種現象甚至也會發生在人猿身上。」

懷斯曾前往許多動物園拜訪五〇八隻猿猴的飼養員，請他們評估自己負責照顧的猿猴表現出的幸福感。研究結果令人驚訝：如果我們相信動物飼養員說的話，那麼就連猿猴也會為中年危機所苦！因此，在人生中段出現的心理低潮或許完全與人類的文明無關，而是基於生物上的原因，早在我們出生時便已在大腦中確定。或者，在低點後很快再度攀升的現象，其實與社會學習有關。

危機能創造韌性

心理學家維納應該會選擇後者。她表示，往往在歷經人生的轉捩點之後，才會帶來一個人需要的韌性。根據她在考艾島的經驗，這樣的轉捩點之一是步入職場。當地那些在求學階段不斷遭遇困難的孩子長大成人後，一旦獲得可以發揮長才、獲得肯定，讓自己充滿興致的工作，他們對自己的看法會驟然變好。成人的生活裡，同樣不斷有這種轉變。有時這樣的轉變一開始讓人很不舒服，如失去一個受氣多過肯定的職位。

維納表示，某些考艾島的孩子也有這種「豁然開朗」的體驗。其中一部分人是在全家遭受某種致命疾病侵襲後才發現，「與死亡的短兵相接，迫使他們去反省生活，也迫使他們思索讓境況好轉的方法」，這位心理學家解釋並總結道，「危機創造韌性！」

已故瑞士籍婚姻暨家庭治療師魏爾特—恩德林也認同：「有時韌性要在很大的危機中才會顯現，儘管人們先前曾對一些小危機抱怨連連。」這點同樣適用於合力挽救婚姻的夫妻，「他們的韌性不是在日常紛擾中消滅、就是不得其門而入。可是有時在危機中，他們會喚醒自己早已完全遺忘的能力。」

社會學習或許也是讓許多人（即便不是所有的人）再次遭逢類似厄運時，不再覺得有那麼嚴重的原因。夫妻離婚便是一例。發展心理學家艾德與盧曼曾寫道：「離婚可說是最有壓力的事情之一。然而，第二次離婚就不會像第一次那樣，讓人覺得事態嚴重。」人們顯然對於再次離婚有所調適。這未必是種鈍化效應。可能是當事人已學會，如何讓自己在不太有負擔下走出困境。他們曉得有朝一日，自己還會再度快樂起來，甚至會找到一位更適合自己的伴侶。

幾乎直到生命結束為止，韌性都會持續上揚。韌性專家伯納諾也認為：「年長者更有能力克服困境。」乍聽之下，這或許讓人不可思議，畢竟長久以來，學者都認為，中老年人在知足、心理強韌以及對生命的熱愛等方面有待加強。高齡者也是如此。這或許由於高齡者往往為病痛所苦，而且行為能力與行動能力大幅下降。不過在死亡前幾年，情況其實完全相反。在這段期間，韌性會增長。

心理學家丹尼斯．蓋爾斯多夫（Denis Gerstorf）表示：「到了中老年，人們會坐擁規模更大的經驗寶藏。」它有助於克服危機，「這時人們也會對自己有更清楚的認識，曉得如何解決難題。」畢竟，凡是有一把年紀的人，應該早已克服過不少危機。

這並非只和經驗有關。老年專家烏蘇拉．史道丁格（Ursula Staudinger）表示：「一般來說，到了中老年，我們不但會變得更擅長待人處事、更可靠，情緒也會更穩定。」我們的社會適應力會隨著年齡自動成長，幫助我們取得穩固的社交網絡、良好的人際關係，並且讓我們對無法改變的事情知足。我們目前仍不清楚，這種年長者的寬容究竟從何而來，不過已經有許多相關實驗證實這種現象。

發展心理學家烏特．昆茲曼（Ute Kunzmann）藉由一項實驗指出，年紀較長者比較能諒解他人。昆茲曼讓不同年齡層的受試者觀看一對夫妻在爭吵的短片。結果，年紀較大的受試者顯然沒有年紀較輕的人那麼激動。他們的反應較為平靜，而且對爭吵者寄予較多的同情。

年長者的平靜特質也改變了他們克服困境的方式。史道丁格表示：「到了老年，韌性會愈來愈依靠外部的資源。這不代表問題被全部解決，而是被接受或相對化。」這有助於減少負擔。「平靜」以十分特殊的方式，賦予已經在人生中有過許多閱歷的人強大的力量。

4.讓你的韌性儲槽永遠不會空

韌性是種動態的現象，
它可能會消失，
並且再度浮現。
維持韌性意味著，
在人生困境中
需要要保持靈活與平衡。

韌性可以學習而得，但我們也可能隨時再度失去。就連曾經在許多困境裡感受過自己心理抵抗力的人，也不能永遠高枕無憂。治療教育學家芬格勒表示：「韌性是種動態的現象，它可能會消失，並且再度浮現。」曾以堅定步伐走過人生數十年的人，或許有朝一日就會遇到這樣的情況。若不是因為他們的韌性隨著歲月被種種難題磨光，就是因為正好碰上觸及心靈痛處的困境。

並非某些特質或能力在某個情境裡賦予一個人力量，在往後所有狀況也會繼續比照辦理。沒有什麼性格特徵或外在環境永遠都是好的或壞的。社會學家希爾登布蘭德表示：「今日的保護因素，或許明日就變成風險因素。」像是龐大的家庭凝聚力可以在子女年幼時提供良好的保護，可是當他們想要離家開創一片天地時，這股凝聚力可能反過來變成阻力。宗教信仰也是如此。心理學家勒舍表示，「信仰的經驗對人生很有助益」，可是迷失在某個宗教流派也時有所聞。在他看來，凡事都有兩面，某項因素究竟是保護、還是威脅我們的心理，須視時空條件而定。像是膽小並非讓人特別強韌的特質，不過在有暴力傾向的家庭裡，膽小的孩子比較不容易像充滿自信的兄弟姊妹成為作奸犯科的人。他們的膽小保護了自己免受過度具有攻擊性之害。

人格心理學家阿森多夫表示：「並沒有一種叫做『韌性』的特質。」韌性是不同的人格特徵與外部因素暫時的結合，因此會一再以不同方式成形。芬格勒贊同這樣的說法：「我們必須承認，我們並非在所有處境裡都一樣強韌。」因此，認識自己的能力，明白自己應當提防哪些情況，是讓自己免於心理長期受創的重要保護措施。

不要一次給自己太多挑戰

勒舍則建議，不要一次對自己的能力提出過多的要求，「如果正在準備大考，就不要挑在這個時候搬家。」原則就是，對自己有所要求，但切勿苛求。「專注於一、兩項挑戰，會比同時開闢四、五個戰場，更能夠妥善地管理自己的心理資源。」

外在環境對於危機的破壞力有多大，這是精神病學家暨系統治療師烏爾斯．赫普（Urs Hepp）所鑽研的主題。過去幾年裡，他曾詢問過許多在意外中身體嚴重受傷不過心理卻安然無恙的人。他想要了解這些人是如何詮釋這樣的現象。

舉例來說，有位患者三十出頭時因為喝醉不慎從月台摔落鐵軌。雖然他當時已經意識清醒，可是由於喝醉酒以致全身無力，無法及時脫逃，只能眼睜睜看著火車從自己身上輾過，以致失去一條腿。為何他的內心可以把這麼嚴重的不幸看得如此雲淡風輕？這位年輕人解釋，發生意外後隔天，他的老闆就前來醫院裡慰問，並承諾無論如何他都可以返回工作崗位，不管復原時間需要多長。這個舉動帶給他無比的安全感，就連整個復健過程也因此受到正面的影響。

另一個案例，有位母親將車子停在斜坡上，卻忘了拉手煞車。當車子突然滑動時，她試圖阻止，不幸在過程中嚴重受傷。儘管如此，她的心靈還是安然無恙。她解釋：「這一切都是自己的錯，我不能把這場意外怪到別人頭上。」她堅信，如果換成是因別人忘了拉手煞車而導致這場不幸，她恐怕會有更長一段時間沒有工作能力。

赫普從患者那裡聽來的故事說明了，當事人如何認知不幸事件的過程，對克服困境的影響很大。蘇黎世大學精神病研究團隊做的一項研究也支持這個看法。根據這項研究，患者在意外發生後會生病多久，取決於他們自己主觀對於意外嚴重性的評估。赫普解釋，這些評估幾乎與實際情況完全無關。

有鑑於這一切的無法衡量，同樣的情形也適用於強韌者繼續增進自己的韌性上。社會學家列普特表示：「我們必須試著在每個情況裡重新調整自己的韌性。」勒舍也建議，人們應當靈活地適應多變的環境，「請設定好目標，可是不要讓它們變成一種強迫。」設定目標是好事一樁，因為有益於增進我們的自信與自我效能感。但勒舍也警告：「可是我們不該一直處在壓力與緊張狀態裡。萬一無法達成預期目標，我們就應當重新設定目標。」

保持靈活與平衡！

「保持靈活！」是美國心理學會提出的重要秘訣。美國心理學會表示：「維持韌性意味著，在人生困境中也要保持靈活與平衡。」以下幾種方法可以幫助你：

——允許自己發洩強烈的情緒。但請留心，發洩的當下是不是好時機。有些時候，為了讓事情順利進行，我們必須把自己的情緒拋諸腦後。

——積極解決問題，接受日常生活裡的挑戰。不過有時也要稍微中斷，藉此讓自己能夠獲得休息，創造新的力量。

——多與關心你的人共處。每個人都需要支持與鼓勵，請你也為自己打氣。

——相信他人。同樣也要相信自己。

5.為自己適時踩煞車

面對壓力並無萬用配方，
我們應當實事求是。
認清什麼地方值得奮鬥、
什麼地方又該節省資源，
這樣才比較容易接受
與應付無可避免的事物。

接受壓力預防接種可以防止崩潰，也可能造成毀滅。就預防接種而言，人們需要正確的劑量，所有疫苗都一樣。「德國精神病學、心理治療、心身醫學暨神經病學學會」提醒民眾們，應當視實際情況及時踩煞車！當一個人由於自我實現、自我認知與績效預期等因素，為自己的工作賦予過高的重要性，罹患倦怠症的風險便會遽增。因為他的工作時間會日益增加，從而忽略家庭與休閒活動。最後，伴隨著繁重的工作，陷入心理危機的風險會暴升。因此，管理壓力與鞏固心理資源便愈形重要。

心理學家蓋爾特．卡魯薩（Gert Kaluza）長期關心此問題。他在馬堡「GKM健康心理學研究所」研究處理壓力這項主題，除了開班授課以外，也撰寫許多相關書籍，以下是他的一段訪談。

Q—您很難找，打了好幾次電話都聯絡不到您。您的日常生活似乎也不是完全沒有壓力？

A—沒錯，我有很多事要做。光是客戶就應接不暇了。

Q—我們的生活是否真如經常聽到的那樣，確實變得愈來愈有壓力？

A—這點我並不是很確定。三十年戰爭（Thirty Years' War，一九一八至一九四八年）的年代，人們的生活也不見得輕鬆到哪裡去。不過如果仔細觀察相關問卷，現今人們的確感到壓力重重，而且有愈來愈多人這麼說。

不過，重點不在於過著沒有挑戰的生活，而是要以一種有益健康的方式處理自己的能量。只不過這並沒有萬用配方。

Q — 為何沒有？畢竟壓力是種生物現象。

A — 沒錯。壓力作用在人類身上的方式千差萬別，且是非常主觀的感受。當一個人處於自認為重要的情境裡，身上的生物壓力程式便會開啟。這涉及到一個人的想法和動機，且每個人面對的方式也不同。每個人都需要尋找出自己處理壓力的方式。基於以上原因，我們無法擬出任何萬用配方。

Q — 我們真的必須學習管理壓力嗎？我寧可將它們消除。

A — 壓力本身其實不是壞事。為了變得更好，為了學習新事物，為了獲得成功，我們需要壓力。我們的身體是以這樣的方式構成。對於成功和滿意，我們的生物壓力程式是重要的催化劑，因此我建議每個人先做個自我分析。

Q — 分析什麼呢？

A — 觀察一下，自己生活中處於壓力狀態與非壓力狀態的比例為何，目的是希望在壓力與放鬆之間，找出有效的平衡。接受要求、投入工作、承擔義務的時間，必須與抽離、放鬆、休養的時間交替。這是最富有生命力的人生！即使在競技運動裡也一樣。人們需要復原階段。國家足球代表隊教練在一場大比賽之前，會明確規劃這樣的時間：只在中午稍做一點暖身訓練，下午就讓球員們好好休息。

Q—如何看出自己的生活失衡？工作繁多的人往往樂此不疲。

A—剛開始，相較於那些準時下班的同事，你或許可以取得一點績效優勢，可以多做點事，在公司也享有比較高的聲望。然而到了某個時刻，注意力減退的情況就會開始出現，然後你很可能出現十分愚蠢的錯。這是最初的警訊。這些事情原本不嚴重，也許只是在電子郵件上寫錯日期，也許是忘了回信。可是因為這樣，你反倒必須工作更多、更久。

Q—這是否為倦怠症初期？

A—是的，到了某個時候，這樣的人便需要依靠藥物撐下去，譬如興奮劑。當事人往往會錯認工作壓力無法降低，於是便不斷提升自己的負擔能力，直到再也不堪負荷為止。這樣的人大多是在崩潰後才去尋求協助。

Q—是否有某種人格類型注定會演變成倦怠症？

A—這點很難說。某些人格特質的確會增加這方面的風險，這些特質正好是社會高度重視的，如任勞任怨、熱心助人、熱愛工作等。

Q—人們也不想改變這一切。

A—我們並不須改變這些基本特質，可是「休息」很重要，我們必須再次學習它。

Q—暫時無所事事，對某些人來說很有吸引力，可是對某些人來說卻很恐慌。

A—沒錯，很多人都很難閒下來。這種休養方式未必適合每一個人。對於整天坐在電腦前讀很多東西的人，叫他們坐在沙灘椅上閱讀一堆書正好適得其反。同樣的，對於整天開會，週末還得問問自己本週工作進度的人，或許讓他們去花園裡蒔花弄草或做點DIY會比較好。從事與自己日常工作完全相反的活動，最能讓人具有創造力。

Q—經過充分休息後，是否還能再度全心投入自己的工作？

A—當然。如果在辛勞與放鬆之間存在平衡，就代表生活中有一半可以是困難的、辛苦的、複雜的，只要不要負荷過度就好。不能讓負荷過度傷害身體健康與心靈平靜。

Q—並非所有壓力都是一樣的。有人覺得有壓力很好，有人覺得有壓力很糟。難道我們也必須將令人難受的事情嵌入平衡裡？

A—問題其實是，生活中是否存在著某些我們無法改變的外在壓力源。如果確實存在，那麼不妨學著針對這些地方設限，或者有時乾脆說「不」。這是良好的自我管理。

Q—對於令人難受可是卻無法改變的事情，我們該做些什麼？

A—如果無法動搖某些事情，我們就必須試著用另一種心態去面對這些事情，藉此讓它們別在我們身上造成過多的壓力，這就是「心智的壓力能力」（mental stress competence）。我們要培養實事求是的態度，認清什麼地方值得奮鬥、什麼地方又該節省資源很重要，這樣我們才比較容易接受與應付那些無可避免的事物。許多人會因為自己的完美主義而承受巨大的壓力。他們不妨學著對自己說，並不是每件事都得做到最好。

Q—有時並不一定是某種壓力，光是過量的工作，就足以讓人精疲力竭。

A—所以第一要務就是，釐清自己的優先順序。不可能每件事都能做好，更遑論同時進行所有的事。什麼才是重要的？我們必須先回答這個問題，才能在不感到內疚之下，一步一步完成所有工作。這種方式能有效地為繁忙的一週，賦予一個按部就班的結構。一些很簡單的小技巧，就可以發揮很大的效果。譬如，我們只關注非得在今天完成的工作，其他大量待辦事項，先放入次日的工作清單裡，直到明天早晨之前都別去理會。不過，有些臨時急件得馬上處理，否則會因為錯過預定時間、工作被打斷或事情的程序整個亂掉，反而感受到更大的壓力。設限很重要，特別是在太多選擇的社會，我們迫切需要學習說「不」，對自己也是如此。找出最優惠的手機方案，對我們究竟有多重要？這頂多只是每個月多交或少交一、兩百塊錢。我們可以乾脆決定，再也不去操心這種雞毛蒜皮的小事。

什麼事會帶來多大的壓力

會把某甲推向深淵的是愛情；某乙特別容易因周遭人質疑他的表現而受傷；最讓某丙感到傷痛的則是鄉愁。

四十多年前，美國精神病學家湯瑪斯．赫莫斯（Thomas Holmes）與理查．雷赫（Richard Rahe）擬出一套包含四十三種令人不安事件的量表。他們兩位詢問過將近五千名患者，過去幾個月裡生活中發生哪些意義重大的事件，並且將這些事件與受訪者的疾病關聯起來。

這套「社會再適應量表」（也稱為「赫莫斯－雷赫壓力量表」，所有事件會以〇到一百的壓力值來呈現），可以幫助我們評估各種令人煩惱的事件對健康造成的影響。在不同的文化裡（例如在日本或馬來西亞）也同樣適用。

這套量表涉及被視為負面的事件，也包括被視為正面的事件。這兩位精神病學家認為，當事件發生後有愈多生活領域必須針對新情況進行調適，該事件帶給人的壓力就愈大。

排位	事件	壓力值
1	配偶過世	100
2	離婚	73
3	與配偶分居	65
4	受徒刑處罰	63
5	近親過世	63
6	自己受傷或生病	53
7	結婚	50
8	失業	47
9	與配偶和解	45
10	退休	45
11	某位家庭成員的健康狀況生變	44
12	懷孕	40

13	在性方面遭遇困難	39
14	家中人口增加	39
15	工作生變	39
16	收入生變	38
17	好友過世	37
18	換工作	36
19	與伴侶吵架的次數生變	35
20	背負高額信貸	31
21	某項借款遭到終止	30
22	工作責任範圍裡發生某些變故	29
23	子女離家	29
24	與姻親發生衝突	29
25	個人獲得重大成功	28
26	伴侶開始或結束工作	26
27	入學或畢業	26
28	生活環境生變	25

29	個人習慣改變	24
30	與上司發生衝突	23
31	工作時間與工作條件生變	20
32	搬家	20
33	轉學	20
34	休閒活動改變	19
35	社區／教會活動改變	19
36	社會活動改變	18
37	低額負債	17
38	睡眠習慣改變	16
39	家庭聚會的頻率生變	15
40	飲食習慣改變	15
41	渡假	13
42	聖誕節	13
43	輕微的違法	11

6. 小小的正念訓練

正念能幫助我們
更妥善地應付人生逆境，
不論個人面對的究竟是什麼。
在正念理論看來，
討人厭的老闆與
罹癌代表的都是類似的挑戰。

流水在夜光中閃爍著，溫暖且柔和地從手指劃過，誘人的泡泡小姐來回舞動在水波之上。

安德烈亞並不是在南太平洋某處享受這樣的夜晚。這位來自奧古斯堡的女性其實正在洗碗，她正在用雙手洗滌那些洗碗機無法清洗的廚具。從前她很討厭親手洗滌帶著食物殘渣的鍋子或昂貴的菜刀等。

洗碗或許不是安德烈亞最喜歡的事之一，不過如今她重視這件事，再也不會只想以最快速度完成這項活動。她會刻意一件一件地慢慢清洗，並且試著觀察其中的美好，如冷冰冰的鋼如何在柔和的光線下變得溫暖，溫暖的水如何在泡沫中沖洗出一只閃閃發亮的鍋子。

烏爾里克．安德森—羅伊斯特（Ulrike Anderssen-Reuster）表示，安德烈亞改變對洗碗的看法。這位心身醫學家幫助人們為生活賦予新觀點。她教導人們「正念」——註。

這當中不僅涉及到更少的壓力，也涉及到更多的感官。這位精神病學家表示：「正念會讓人對事物有更深的認識，有助提升經驗及生活的品質。」我們要練習的是，將注意力投注到某個瞬間，不要把現象歸類成好的或壞的。如此一來，那些令人難受的事物，就會變得沒有那麼令人難受。正念讓我們少去評價，而是實實在在地接受生活。

安德森—羅伊斯特表示：「我們賦予自己太多的念頭。」其中有許多是負面的，像是現在我又得去倒垃圾，或是衣服洗好了，現在我又得去把它們晾起來等等。如果透過深切感受當

註——由美國分子生物學家暨醫師喬．卡巴金（Jon Kabat-Zinn）於一九七九年所發展出的一項稱為「正念減壓」（Mindfulness-Based Stress Reduction, MBSR）的壓力克服課程。

下，我們也可以從垃圾或晾衣服等這類負面念頭得出正面之事。倒垃圾其實並沒有那麼糟，不過就是手上提個桶子，一步一步往前走。心理學家史蒂芬・施密特（Stefan Schmidt）補充：「如果曬衣服時，專心將每件衣物拿在手上，仔細感覺潮濕的纖維，接著小心翼翼將它們掛到繩子上，這會賦予我們某種程度的平靜，進而帶給我們心靈美好的感受。」

不妨從冥想開始

施密特建議患者，不妨試試冥想。多數人一開始都會有些排斥。施密特在佛萊堡大學醫院指導名為「冥想、正念與神經生理學」的研究。他的重點在於健康。屬於冥想的專心練習與正念練習確實對健康有益。近年來，世界各地的相關研究都已證實這點。

一九七〇年代初期，哈佛大學的學者便已發現，冥想技巧不僅可以放鬆心靈與身體，還可以明顯降低血壓及耗氧。當時開始發展正念減壓課程的卡巴金曾表示，冥想可以透過各種方式，保護我們免受過度壓力所侵害。我們可以在八週之內學會全球各地廣為流行的正念訓練的基礎。

卡巴金的《正念療癒力》（*Full catastrophe living*）一書，如今已成為經典。根據書中說法，冥想有益健康，近年來被大量運用在對抗疾病，包括飲食失調、成癮症、慢性疼痛及憂鬱症等。「德國精神病學、心理治療、心身醫學暨神經病學學會」也表示，目前只有極少數防治倦怠症的方法被評定為有效，以正念為基礎的壓力管理課便是其中之一。

有件事是現代人常做，患有憂鬱症的人做得太過頭的，那就是：總是在想著自己。安德森—羅伊斯特表示：「他們雖然從一個地方移動另一個地方，可是過程中卻無時無刻不被自己的擔憂所俘虜。其實只要走出這種憂鬱的循環，蒐集各式各樣的印象，便能減少很大的負擔。」

冥想的療效，最初是由在開悟之路走了一大段路的冥想大師身上獲得證實。不過，我們不必成為西藏高僧或披上紅色袈裟，才能從冥想中受益。施密特認為，正念練習不僅對冥想專家有幫助，也能充實每個願意練習的人，無論你是健康或患病。我們可以透過正念練習來訓練平靜或好心情。

正念有助於應付人生逆境

不願嘗試冥想的人（就連靜坐短短五分鐘也感到害怕的人），不妨從正念練習開始。訣竅就是，居住在事物裡，不要費事尋覓或意圖遠離。這不僅可以緩和病痛所帶來的苦，就連報稅這件事，你也可以從中找到平靜與放鬆。人們只要價值中立地看待許多帳單，將多采多姿的收據進行分類，接著將各種數字填入表格裡就大功告成了。過程中，人們應當盡可能有意識地呼吸，這是正念的基本練習之一。我們隨時隨地都可以針對這一點訓練，譬如手裡正拿著這本有關韌性的書在閱讀時。

正念並非只對令人為難的課題具有驚人的正面效果。光是在上班途中，不去在乎時間壓力，而去感受微風、聆聽鳥語或好奇地觀察行人們不同的穿著風格與面貌，便足以豐富我們的生活。當你自覺快被不遵守規則的駕駛人惹怒時，你可以先好奇地確認自己內心油然而生的那把火，然後自問：這把火燒的是否有意義，或者只會帶來更多負面情緒？也許那位駕駛人並不是自私的傢伙，也許他只是因為心事重重，一時不察罷了。這樣的觀點可以讓日常生活變得更輕鬆，讓人生變得更愜意。

施密特總結：「正念有助於學習更妥善地應付人生逆境，不論面對的逆境為何。在正念理論看來，討人厭的老闆與罹癌代表的，都是類似的挑戰。」核心問題其實是我該如何克服挑戰？我的反應方式是否會為自己帶來更多傷害？我如何才能在正面的意義下克服它們？

每個人每天都能做這樣的練習，只不過若缺乏專業輔助或有經驗的團體支持，進行起來會有點困難。施密特表示：「借助冥想技巧，我們可以學習穩定地保持注意力，否則我們很容易就會心不在焉。」

正念訓練能幫助我們有目標地培養這項能力，好讓我們可以在日常生活中應用它。多次練習後，我們就能夠更常憑藉自己所有感官，欣賞異國美景，進而深受感動，或是當孩子充滿信任地依偎在我們懷裡時，我們也能由衷地享受它。

7.工作與生活都需要偶爾「關機」

我們最好也讓自己
在白天來點空轉，
即使在工作中也不例外。
日間休息一下，
與不受打擾的下班時間
及夜間的充分休息同樣重要。

科技讓現代生活變得更便利。我們可以迅速取得電影時刻表、電話號碼或領取現金；我們很快就能在網路上找到客服資訊或產品細節；我們改在電子郵件上打幾句友好、文法不太正確的話，不再寫措辭嚴謹、格式完美的商務信函。儘管如此，人們卻老是抱怨工作負擔更勝往昔。很顯然，科技並沒有為我們創造出更多自由的空間與時間，科技只是幫助我們完成更多的工作，我們的工作時間甚至比從前更長。

伴隨著網際網路與智慧型手機的流行，繁重的工作變得如影隨形，讓現代受雇者很容易被剝削。有些人有時會將之視為某種緩和空間，像是萬一在辦公室來不及處理完所有重要的事，回到家裡還可以趕快訂個機位，或是回一封拖了很久沒回的信。這麼做，剛開始或許會讓人好過一些。

不過，請停止這麼做！

即使這麼做只會占用下班後的些許時間。

休閒或渡假中繼續處理工作，這對不可或缺的休養是極大的破壞。壓力專家表示，一般來說，至少要兩個禮拜之後，人們才會覺得自己在渡假。

我們要清楚告訴現今那些隨傳隨到的「網路─電子郵件─智慧型手機使用者」：

休閒是必要的！

休閒之所以必要，不僅是因為欠缺平靜與休養會讓人致病，更因為它們是創造力、新點子及新方法的泉源。不保持一點距離、不停止一下腳步，我們無法對舊挑戰進行新觀察。沒有休養生息，我們便只能墨守成規，只能在因循苟且的情況下試著把問題解決。

對於精力充沛、渾身是勁的人，或許他們目前尚有足夠的能量足以支應，所以自覺心理健康狀況還算良好，可是他們同樣必須明白，大腦需要透過休息來丟掉「壓艙物」，藉此為新事物騰出位置。唯有借助無所事事，才能賦予創造力空間。

關機讓你有更好的工作表現

為自己的生產力感到憂心的人，或許可以借助「夜間確實『關機』的人，次日會有更好的工作表現」這樣的研究成果讓自己寬心。心理學家莎賓娜．宋能塔格（Sabine Sonnentag）也證實這點。宋能塔格表示：「如果下班後受雇者愈可以不去想工作，他們愈能夠充分休息，第二天也比較不容易受到刺激。」即便是職場新人，如果週末確實好好休息與陪伴家人，他們便會朝氣蓬勃地邁入下一週，且更加自主、熱情地工作，更常主動提出新方案。「相關研究顯示，在工作同樣繁重的前提下，休閒時愈可以不去想工作的受雇者，不僅對生活愈滿意，也較少出現由於心理負擔所帶來的各種症狀。」

有不少雇主也明白這一點。戴姆勒公司（Daimler AG）的職員可以自動刪除於休假期間寄到個人信箱裡的電子郵件。寄件者會收到這樣的通知，然後找代理人處理。萬一事情非得由休假者親自處理，寄件者則必須等到這個人放完假。在大多數情況裡，不必等到職員收假，事情就已經搞定。透過這樣的方式，戴姆勒公司的職員都可以獲得充分的放鬆。

福斯集團甚至祭出強硬措施，禁止在晚間六點十五分過後，將電子郵件轉寄到員工的智慧型手機，目的是為了讓員工的腦袋能在晚間好好休息，為下一個工作日調整到最佳狀態。「關機」在網際網路時代裡，同樣也代表著字面上的意義：「關機」。

人們早已證實，睡眠這種最強的休閒形式，不僅對生活極為重要，同時也是學習的基礎。雷根斯堡的睡眠專家約爾根．祖雷（Jürgen Zulley）言簡意賅地表示：「睡得太少會導致生病、肥胖和愚笨。」睡眠過程中，大腦其實很有生產力。它會處理當天的經歷，對新東西進行分類，將重要的儲存、不重要的捨棄。不僅如此，它甚至還會繼續進行學習。一九九九年時，哈佛學者羅伯．史提克戈爾德（Robert Stickgold）做的幾項轟動一時的實驗便證明了這一點。他讓受試的學生在電腦上進行練習，要求他們盡可能有效地識別條碼。這些學生會隨著時間經過變得愈來愈厲害，不過必須等一夜之後，也就是他們睡了一宿之後，成績才會確實突飛猛進。

白天也要偶爾空轉一下

不僅如此，我們最好也讓自己在白天來點空轉，即使是上班時間也不例外。日間休息一下，與不受打擾的下班時間及夜間的充分休息同樣重要。我們不必為自己偶爾漫不經心地盯著牆、望向窗外，甚或關注大姆趾與其他小腳趾在玩耍而感到內疚。即便此時，我們的大腦也在進行整理，它會激盪那些自己蒐集到的想法，重新做有用的安排。

每個人都曾有過豁然開朗、文思泉湧、靈光乍現的體驗。何時？往往就在停止絞盡腦汁，尋求問題解答之際。每每當我們終止冥思苦想，放手讓思維自由發展時，最好的點子就會迸出來。這時似乎有某種神奇的力量，把所有在大腦彎彎曲曲的小徑裡來回移動的知識拼湊出解答。不同的想法與記憶在這樣的過程中互相遭遇，忽然間便產生新觀點、構想與結論。大腦專家蓋爾哈德．羅特（Gerhard Roth）建議大家：「不妨先有意識地、理性地思考一下，可是別那麼快下決定。接著請轉移注意力，並好好睡一覺。你大腦皮層裡潛意識的、直觀的網絡會為你完成這項工作。」

許多創新的發明，例如便利貼、鐵氟龍塗層與魔鬼氈等，都是藉由對久為人知的事實賦予全新觀點而產生。美國社會學家羅伯．莫頓（Robert Merton）率先從中看出一項原則，他稱之為「意外發現」（serendipity），要點就是：「意外總愛幫助有所準備的心靈。」意外經常發生，不過唯有當某人不強求，讓它們自然而然地發生在自己身上，並且曉得該如何去詮釋它們，意外才會促成真正的新事物。

接下來的留白，是要給你一個無所事事的放鬆機會。

暫時與網路斷線吧！

如果一分鐘都還沒過完，我們就聽到一聲「叮咚」，通知我們有新的電子郵件，我們又該如何做到在一段時間裡什麼都不想呢？

遠離這些聲響吧！我們一再主動察看電子信箱，破壞自己的注意力和效率已經夠糟了，可是「叮咚」聲卻扎扎實實地迫使我們這麼做。即便我們決定暫時不去察看電子信箱，也會因此變得心不在焉。專家發現，讀完一封郵件之後，我們需要幾分鐘時間，才能再度將注意力集中在先前正在做的事。一再轉移焦點會荼毒我們的注意力與生產力。

十七世紀法國著名的數學家暨哲學家布萊茲．巴斯噶（Blaise Pascal）在《冥想錄》（*Les Pensées*）裡寫道：「人類的所有不幸都是起源於他們不懂乖乖地待在房間裡。」不曉得見到今日的景況，他又會做何感想呢？如今，我們已經將整個世界放入房間裡。

我們的日常生活已被經常性的郵件與電話分割得支離破碎。今日，如果能有一、兩小時，可以在完全不受打擾的情況下好好工作，那真是莫大享受。這是一種我們應該賜予自己的享受。

一天中固定察看電子信箱三到四次，難道還不夠嗎？從前的人難道會每隔兩分鐘就跑到門口去看一下信箱嗎？如果郵差把同一天該投遞的信件分批送來，要我們一次又一次出去領取，你的感覺會舒服嗎？

我們已經非常習慣以電子郵件來獲得關注。我們的好奇心，會藉由知道別人到底寫些什麼給我們來獲得滿足。信箱裡的東西很有吸引力，滿足了每個人心中對消息、通知與接觸的渴望。除了公告以外，郵件代表別人收到自己說的話，自己獲得關心與注意，代表自己是重要的。再者，持續保持活躍、可以立刻解決某些事情、什麼事情也沒有錯過，這些都讓人感覺良好。

剛開始，人們的確很難離線工作，起初可能會覺得焦躁、痛苦、不對勁或怪怪的，如果能夠習慣，例如出門散步時將手機留在家裡，或是專心工作時將電子郵件程式關閉，將會有更多的收穫。

萬事起頭難，軟體公司已經研發出一些可以幫助人們輕鬆跨出第一步的工具。像是一款名為「MacFreedom」的軟體，可以讓電腦在預設的時間裡中斷網路連線。如果想提前連上網路，就必須先把電腦關閉，重新開機。這樣的程式能讓我們回想一下，不受干擾地工作有多棒！

所有人剛開始「關機」時都不是很順利，不過慢慢地便會漸入佳境。人們會發現，自己突然對許多十分有趣的事物有了新認識，我們幾乎完全忘這些事物的存在以及它們有多麼美好，例如自己的呼吸。那是一種發現自己是活著的、發現自己不只是一顆腦袋的感覺。

致謝

感謝我的文學經紀人米歇爾・蓋伯（Michael Gaeb）。他是第一個人，讓我想到「韌性」這個主題可以撰寫成一本書。這是個很棒的主題，過程中我未曾有一時半刻感到無聊（希望我的讀者也有同感）。

我也要對「德國袖珍書出版社」（Deutscher Taschenbuch Verlag, dtv）的編輯卡塔莉娜・菲斯特納（Katharina Festner）表示由衷的謝忱。她為本書釐出一個清楚的架構（有時連我自己都會不小心迷失）。她的經驗與能力對本書幫助很大，更幫將我手稿中最重要的部分精煉出來。

若沒有那些以專業知識為支持的眾多受訪者，這項寫作計畫將會變得曠日持久。感謝他們在有點冗長的對話裡，耐心解說各自的研究成果或相關最新研究，我才能將這些豐富的內容與讀者們分享。

我也要向同事克里斯提安・韋伯（Christian Weber）表達謝意。他擁有廣博且扎實的知識，且總是樂意與我分享，讓我省去不少辛苦搜尋資料的工作。

我要特別感謝母親，伊爾姆嘉爾德・伯恩特（Irmgard Berndt），她經常放下手邊的工作，穿越整個國家來到慕尼黑，幫我照顧她的外孫女。

我最要感謝的人是先生，彼德・考伊勒曼斯（Peter Keulemans）。他在我揭發德國各大學附屬醫院買賣器官的醜聞時，給了我充分的時間與強力的支持。這回，他投入比以前更長的時間來照顧我們的一對女兒，才讓我有足夠的時間、精力及心理抵抗力來完成這本書！

名詞縮寫對照

5-HTT：5-hydroxytryptamine transporter。血清素轉運蛋白基因，能運輸大腦中的神經傳遞物質血清素（也稱為「幸福激素」）。

MAO-A：單胺氧化酶A（monoamine oxidase A）。主要存在於神經細胞，會參與清除包括血清素在內的多種神經傳遞物質。

ALS2：在「肌萎縮性脊髓側索硬化症」（amyotrophic lateral sclerosis, ALS）的發生上扮演某種角色。此外，這種基因也會對大腦的變化產生影響。

注意力缺陷過動症：attention deficit hyperactivity disorder, **ADHD。**是一種在幼年時期便可能顯現的行為障礙。

創傷後壓力症候群：post-traumatic stress disorder, **PTSD**。

創傷後成長：posttraumatic growth, **PTG**。

美國心理學會：American Psychological Association, **APA**。

德國精神病學、心理治療、心身醫學暨神經病學學會：Deutsche Gesellschaft für

Psychiatrie und Psychotherapie, Psychosomatik und Nervenheilkunde, **DGPPN**。

美國國家兒童健康暨人類發展研究所：National Institute of Child Health and Human Development, **NICHD**。

全方位士兵強健計畫：Comprehensive Soldier Fitness, **CSF**。

家庭中的培育—父母與子女的訓練：EntwicklungsFörderung in Familien: Eltern-und Kinder-Training, **EFFEKT**。由艾爾朗根—紐倫堡大學所研擬出的一套韌性培養計畫。

我有能力解決問題：Ich kann Probleme lösen, **IKPL**。由艾爾朗根—紐倫堡大學心理學研究所針對幼兒園兒童研擬的韌性訓練課程。

NEO五大因素人格量表：NEO Five Factor Inventory, **NEO-FFI**。國際常用的人格測驗方法。

幼兒園生活正向發展暨韌性觀察表：Positive Entwicklung und Resilienz im Kindergartenalltag, **PERIK**。由慕尼黑邦立兒童教育研究所所研擬的觀察表，適用於巴伐利亞邦的幼兒園。

解決問題訓練：Training im Problemlösen, **TIP**。由艾爾朗根—紐倫堡大學心理研究所針對中小學生所研擬的韌性訓練課程。

韌性：挺過挫折壓力，走出低潮逆境的神秘力量

作　者—克莉絲蒂娜·伯恩特
譯　者—王榮輝
主　編—李宜芬
封面暨內頁設計—江孟達
責任企劃—張燕宜
企劃助理—石瑷寧
總 編 輯—余宜芳
發 行 人—趙政岷
出 版 者—時報文化出版企業股份有限公司
10803台北市和平西路三段二四〇號三樓
發行專線—（〇二）二三〇六—六八四二
讀者服務專線—〇八〇〇—二三一—七〇五
（〇二）二三〇四—七一〇三
讀者服務傳真—（〇二）二三〇四—六八五八
郵撥—一九三四四七二四時報文化出版公司
信箱—台北郵政七九～九九信箱
時報悅讀網—http://www.readingtimes.com.tw
時報出版臉書—http://www.facebook.com/readingtimes.fans
法律顧問—理律法律事務所　陳長文律師、李念祖律師
印　刷—盈昌印刷有限公司
初版一刷—二〇一五年十月二日
初版十四刷—二〇一八年十一月十二日
定　價—新台幣三六〇元

時報文化出版公司成立於一九七五年，
並於一九九九年股票上櫃公開發行，於二〇〇八年脫離中時集團非屬旺中，
以「尊重智慧與創意的文化事業」為信念。

韌性：挺過挫折壓力，走出低潮逆境的神秘力量 / 克莉絲蒂娜．伯恩特（Christina Berndt）著；王榮輝譯. -- 初版. -- 臺北市：時報文化, 2015.10
面；　公分. --（人生顧問；CFH223）
譯自：Resilienz : Das Geheimnis der psychischen Widerstandskraft

ISBN 978-957-13-6416-2（平裝）

1.抗壓 2.壓力 3.生活指導

176.54　　104018680

ISBN 978-957-13-6416-2
Printed in Taiwan